LE RAVISSEMENT DE FLORISE, OV L'HEVREVX EVENEMENT des Oracles.

TRAGI-COMEDIE.

Par le Sieur de C.

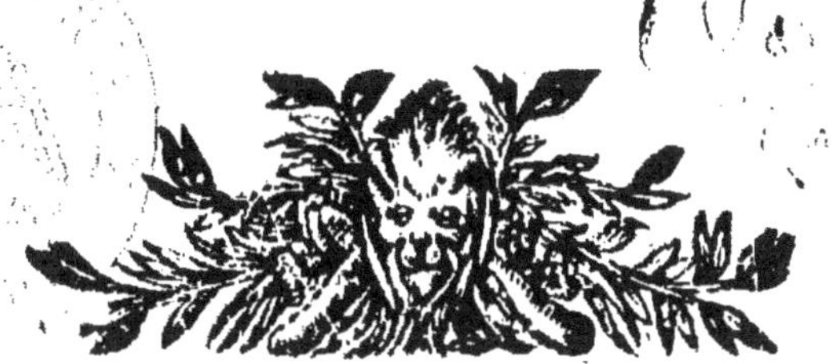

A PARIS,
Chez TOVSSAINT QVINET, au Palais dans la petite Salle ſous la montee de la Cour des Aydes.

M. DC. XXXII.
AVEC PRIVILEGE DV ROY.

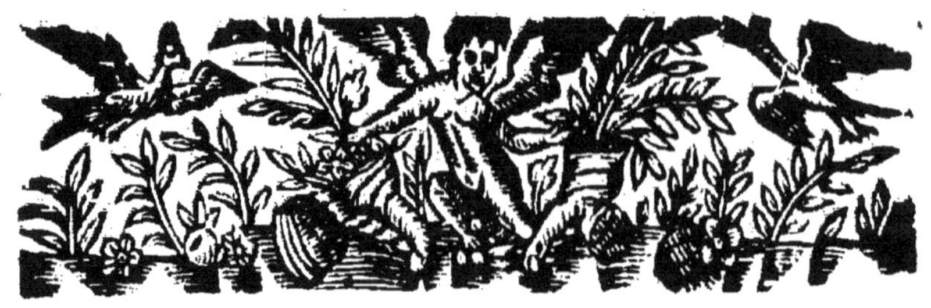

ARGVMENT.

AMOVR ingenieux en ses entreprises fait que le courtisan Celidor charmé des beautez de la vefue Celinde, & ne sçachant comme quoy se descouurir à elle, se feint estre extraordinairemét affligé de la perte qu'elle auoit faite, s'imaginát que ses beaux discours seroient bien tost capables de la reduire au point où il l'attendoit. Il s'en va donc pour ce sujet dans le logis de Celinde, où par toute sorte d'efforts il essaye sous vne feinte consolation de luy declarer l'ardeur de son amour: Mais Celinde sçauoit à peu pres ses plus secrettes intentions auant qu'il luy en eust

ã ij

faiſt le recit, luy remonſtre accordement qu'elle ne deſire point de s'aſſuietir aux loix d'vn ſecond Hymenee, ſi ce n'eſt par l'expres commandement de quelque Oracle. Il demeure d'accord là deſſus de s'en aller treuuer la Sage Mondaine pour voir ſi elle ne ſeroit point propice à leurs vœux. Mais apres auoir ouy leurs raiſons de part & d'autre, elle ne leur fait point d'autre reſponſe; ſinon qu'elle les met dans l'eſperance de viure vn iour heureux & content. En ſuitte de cette promeſſe elle donne vn pourtrait à Celidor, & luy fait par apres receuoir le vœu de ſon amour au lieu de Celinde. Cependant cette peinture fait vne telle impreſſion dans le profond de ſon cœur qu'elle y demeure eternellement. Ce qui fait que pour ſatisfaire à la violence de ſes deſirs il va conſulter l'oracle de la Sybille. Durant que cela ſe paſſe ainſi, voila que le Capitaine Timandre reuenu de la guerre, & retiré dans ſon Chaſteau pour y prendre quelque relaſche deuient paſſionnement amoureux de Celinde, apres auoir recõnu ce qu'elle valloit, & cõbien elle meritoit d'eſtre aymee. En meſme temps Amour à qui Mars meſme fait gloire de rendre hommage luy fait tomber les armes des mains, & renoncer aux trauaux de la guerre pour ſuiure les delices du Cupidõ qu'il ſe promet de gouſter s'il peut entrer dans cette alliance. Pour cet effet il prend la meſme reſolution que Celidor, & s'en va conſulter l'oracle de la Sybille, ſans que toutes les raiſons que le ſage Poëte Amphion luy allegue ſoient capables de l'en deſtourner. Ils s'en vont donc dans l'Antre de la Sybille, & comme ils ſont ſur le point d'y arriuer, ils ſe racontent l'vn à l'autre le deſſein qui les a cõduits. Pour s'eſclaircir de l'euenement de leur amour, ils conſultent tous deux la Sybille qui leur dit pour toute reſponſe que leur perſeuerance leur donneroit à la fin le fruict qu'ils eſperoient de cueillir, & particulierement à Celidor qui poſſederoit vn iour le veritable obiet de celle dont il n'auoit que le portrait, mais qu'il ne falloit pas pour tout cela que la vanité l'emportaſt, puis que ſes deſirs ne trouueroient point leur port que par vne grace tres particuliere des dieux immortels. En effet l'euenemẽt cõfirma tout auſſi toſt la verité de l'oracle, car ils furẽt à peine ſortis de l'Antre de la Sybille, qu'ils ouyrent dans la foreſt la triſte voix d'vne perſonne qui ſe plaignoit, & qui demandoit du ſecours. Eſtans accouruz à cette plainte tout droit au lieu d'où elle ſortoit, ils reconnurent que c'eſtoit Celinde qui s'arrachoit ſes beaux cheueux, & qui s'attriſtoit d'vne façon extraordinaire du rauiſſement que le Dieu Pan venoit de faire d'vne de ſes niepces qu'il retenoit priſonniere dans le Temple de la victoire. Celidor, Timandre, & le Poëte Amphion l'asseurent à l'heure mesme de la tirer de ce lieu, comme en effet ils s'y acheminent incontinant, & entrent dans le iardin des delices, ils y trouuent cette beauté desolee au milieu des deux Satyres à qui Pan l'auoit donnee en garde; Ils taschent d'abord de leur defendre l'entree de ce lieu, mais quelque resistance qu'ils fassent ils sont vaincus à la fin, & Celidor reconnoist en mesme temps que c'est là le naturel portrait de la beauté dont la sage Mondaine ne luy a donné que la copie. Par vn si heureux succés iugeant de la verité de l'oracle il se resiouyt d'abord d'auoir deliuré de seruitude celle qui tenoit son ame dans ses liens, Timandre n'est pas moins ayse de son costé d'auoir rendu ce bon office à son amy & à sa Maistresse Celinde qui vont trouuer aussi tost &

luy remettent entre les mains sa niepce Florise. Mais comme ces deux Amans se voyent sur le point de receuoir la recompense deuë à leur fidelité, ils en sont empeschez par la venuë de Pan, ce Dieu voulant derechef rauir Florise se met à combattre Celidor, qui ne pouuant quitter celle qui le faisoit viure se prepare à mourir dans la resistance, combien qu'il ne puisse à moindre qu'estre temeraire s'opposer à l'inuincible puissance d'vn Dieu. Sur ces entrefaites, voila que dans la plus grande violence du combat, le Poëte suruient qui les separe tous deux, & fait en sorte que par le consentement du Dieu Pan Celidor espouse Florise. Cette bonne fortune est suiuie de celle de Timandre & de Celinde qui sont mariez bien tost apres par le Druide de ce hameau. Il ne reste plus que le Poëte & la ſage Mondaine à qui le deſir de viure dans leur liberté ſemble faire desdaigner les traits & la puiſſance de Cupidon ; mais enfin Amour que les plus grands Monarques ne peuuent vaincre les lie enſemble d'vn meſme nœud que les autres, & ainſi la fin de cette Tragicomedie leur eſt vn commencement à des delices ineſperées.

NOMS DES ACTEVRS.

CELIDOR	Courtisan.
CELINDE.	
TIMANDRE	Capitaine.
AMPHION	Poëte.
LA SAGE MONDAINE.	
FLORISE	Niepce de Celinde.
LE DIEV PAN.	
DEVX SATYRES.	
LE DRVIDE.	

LE RAVISSEMENT DE FLORISE, OV L'HEVREVX euenement des Oracles.

TRAGI-COMEDIE.

ACTE PREMIER.

SCENE PREMIERE.

CELIDOR.

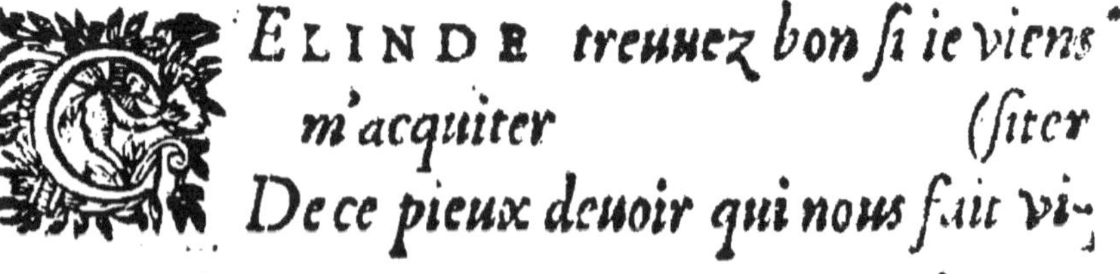

*C*ELINDE *treuuez bon si ie viens m'acquiter*
De ce pieux deuoir qui nous fait visiter

Les amis affligeZ d'vne douleur extreme
Comme vous en perdant la moitié de vous
mesme.
Ie ne suis pas icy pour essuyer vos pleurs,
Les yeux sont les canaux de toutes nos dou-
leurs,
Il faut vn temps certain que la plainte exa-
lee
Puisse rendre à la fin nostre ame consolee,
Il ne m'est pas permis de vous donner conseil,
Car ce seroit offrir la lumiere au soleil,
De vous seule despend le mal & le remede,
Ce qu'on nomme raison vostre esprit le pos-
sede.

CELINDE.

Mo[illegible]r ie recognoy que vostre charité
Maintenant en ce point a beaucoup merité,
Cette condition d'vne vefue affligee
Soulage son ennuy de se voir obligee,

L'entretien des amis est vn charme bien doux,
Sur tous autres celuy que d'estre auecque vous;
Toutesfois ne croyez que dans mon infortune
Ie vueille receuoir cette troupe importune
De ses foibles esprits qui se vont amusans
Pour aprendre au cartier les discours medisans;
Ce murmure confus me vient rompre la teste
Iugeant que leur dessein n'aboutist qu'à la beste,
Ie n'ayme desormais rien que de serieux,
Et mon cœur atristé n'aspire que les cieux.

CELIDOR.

Vous auez preuenu l'objet de ma pensee,
Et ma conception se trouue deuancee,
Ie voulus exprimer à quel dégré l'honneur
Ie me tiens auiourd'huy d'auoir heu ce bon heur;
Cette felicité ne peut estre mortelle,
Car ie tiens que les Dieux n'en ont pas vne telle,
C'est en vain de parler de la rare beauté
Qui mesle sa douceur auec la cruauté,
Ne voulant receuoir vn eternel hommage
D'vn amoureux captif aux pieds de son image.

CELINDE.

Brisons là ce propos si commun à la cour,
Ie n'entens plus parler d'homage ny d'amour,
Ses feintes passions reduittes en fumee
Chassent le souuenir de toute chose aymee,
Ie sçay bien esuiter les perilleux appas
Qui donnent à nos cœurs la peine & le trespas.

CELIDOR.

Vous appellez trespas ce qui donne la vie.

CELINDE.

Mais dittes de nos iours vne jalouse enuie,
Vn espoir incertain qui flatte pour vn temps,
Et vient rendre à la fin nos desirs mescon-tens.

CELIDOR.

Iamais le repentir d'vne amoureuse flame
N'a reduit vn amant au mespris de sa dame,
Si ce n'est que ce fust quelque souspir leger
Qui ne peut arrester le volage Berger.

CELINDE.

Treuue ton vn Berger qui ne soit point vo-lage?

CELIDOR.

Vous n'auez pas tousiours aduancé ce langage,
Amour vous punira de ce crime commis.

CELINDE.

Ie despite ses feux & ses traits ennemis,
Mon cœur est de rocher qui refuse l'ateinte,
Et mon œil clair-voyant me découure la feinte.

CELIDOR.

Helas! qui me voudroit feindre de vous aymer
Puis que vous prometteZ vn repentir amer.

CELINDE.

Si ie garde tousiours ceste mesme coustume
L'on n'accusera pas mon ame d'amertume.

CELIDOR.

Ceste coustume là ne se doit point garder,

CELINDE.

C'est vn subtil moyen qu'il ne faut retarder,
Pour ne point receuoir la plainte du martyre.

CELIDOR.

N'aueZ vous donc pitié de celuy qui souspire,
N'ayant autre souhait que de vous adorer?

CELINDE.

C'est l'adoration qui m'en fait retirer,
Außi tost que ce nom vient frapper mon oreille,
Comme l'enchantement d'vne douce merueille
I'ay tousiours vn fanal afin de l'euiter
Crainte que mon vaisseau s'aille precipiter.

CELIDOR.

Moy ie tiẽs en amour trop heureux le naufrage,
Si le peril certain tesmoigne le courage.

CELINDE.

Ie croy bien que celuy qui cause l'accident
N'apprehende la fin du malheur euident,
Puis que seul il agist pour rendre consommee
L'extreme paßion de sa flame allumee.

CELIDOR.

Ie demeure confus, & n'oze plus parler,
Madame donnez moy congé de m'en aller,
I'en quitte le surplus à la sage Mondaine,
Qui pourra sans tarder soulager nostre peine,
Il faut auoir recours à son rare conseil,
Sans doute qu'on ne peut en trouuer vn pareil.

CELIDOR PARLE A LA SAGE MONDAINE.

SCENE DEVXIESME.

A belle nous venons pour consulter l'Oracle
De vostre bel esprit que l'on tient à miracle,
Amour est le subjet de nostre differant
Dont ie croy Melidor estre fort ignorant,
I'en parle deuant vous comme vne raillerie,
Luy fondé sur l'espoir de sa cajolerie
Se rend maistre des Dieux, & veut persuader
Que c'est vne vertu de s'en vouloir ayder.

LA SAGE MONDAINE.

Pouuois-ie rencontrer de fortune meilleure,
Puis que ce different se resoult en peu d'heure?
Il s'agist d'vn amour né dans nos volontés,
Lors que nos sentimens ne sont point surmontés.

De l'aueugle desir, dont la fureur extreme
Fait que l'amant se voit separé de luy mesme,
La raison doibt seruir vn obiet adoré
L'vnion s'entretient par l'esprit epuré
Sans fard, sans fiction, sans trouble, sans orage,
Autrement vn amour se conuertist en rage.

CELIDOR.

Madame ie veux bien croire vostre discours,
Mais non pas que l'effet s'en pratique tousiours,
Ce tableau racourcy d'amoureuse peinture
Me semble s'opposer aux loix de la nature,
Vous posez en amour vn aymable desir
Et retirez de luy l'essence du plaisir:
Non ie n'oze souffrir qu'on ayme de la sorte
Si ce n'est que ce fust vne poitrine morte:
Quoy resoudre nos cœurs d'aymer sans passion,
Chercher vne beauté qui soit sans fiction,
N'est-ce pas en effet se former vne Idee
Propre d agir sur nous sans estre possedee,

De dire que le feu ne fust point violent
Que le flot agité fust paresseux & lent.

LA SAGE MONDAINE.

S'il faut treuuer amour dedans la violence
L'on me doit maintenant imposer le silence.

CELIDOR.

Si l'amour est vn Dieu sans aucun mouuement
Ie ne veux plus aussi le tiltre d'vn amant,
Car sa diuinité s'enuole passagere,
Et prend des aislerons pour estre plus legere.

LA SAGE MONDAINE.

Vostre humeur se plaist fort en sa legereté,
Et fait voir que le cœur n'est long temps ar-resté.

CELIDOR.

I'implore à deux genoux le pardon de l'offence,
Veincu de vos beaux yeux ie n'ay point de deffence,
Esclaue dans les fers ie cede à la raison,
Trop content de mourir en si belle prison.

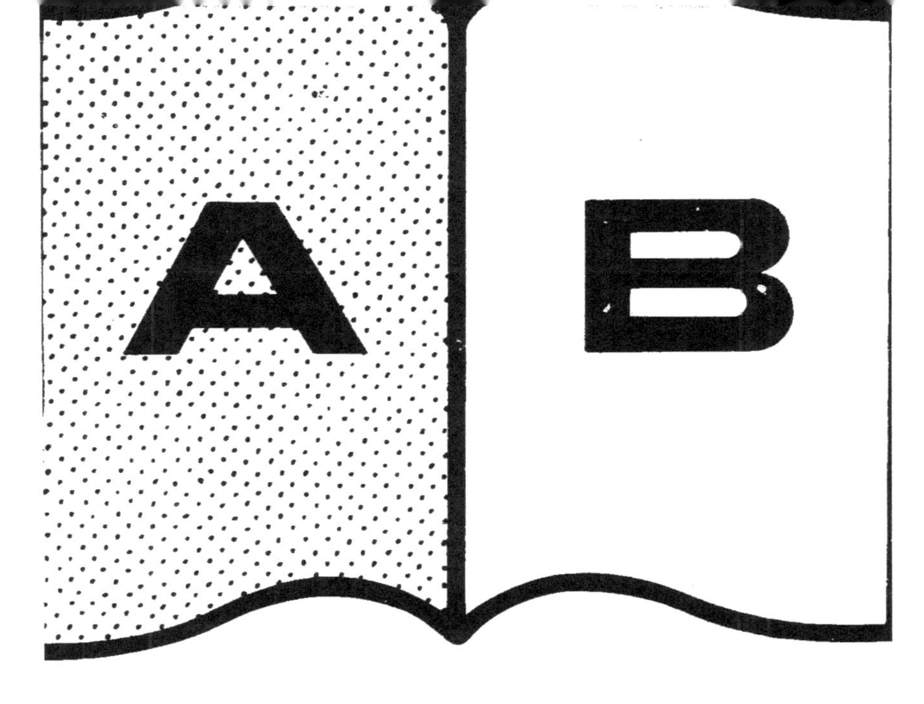

Contraste insuffisant

NF Z 43-120-14

SCENE TROISIESME.

TIMANDRE LE CAPITAINE.

QVe vous estes heureux parmy tant de delices,
Dans nos funestes iours ce ne sont que supplices,
La peine & le trauail nous vont accompagnant
Lors que du sang humain l'homme se va baignant,
Si l'on prend le repos, la trompette reueille,
La Diane au matin fait qu'aucun ne sommeille,
Sans cesse deuant nous le destin menaçant
Regarde sans pitié nostre chef innocent,
Soit qu'il faille gagner au pied de la muraille,
Soit qu'il faille aussi tost se remettre en bataille,
Soit qu'il faille attaquer les esquadrons campez,
Sans relasche nos bras sont tousiours occupez.

LE POETE.

Au fort de ses hazards vous estes plus tranquille
Que le mesme Coquet en la douceur de ville,
L'honneur vous entretient, les verdoyās lauriers
Enuironnent le chef de ses braues guerriers,
Vous auez pour objet le triumphe & la gloire
Apres auoir acquis vne heureuse victoire,
Le renom glorieux vole par l'vniuers,
Et sert le plus souuent de subiet à nos vers.

LE CAPITAINE.

Sans doute le discours de si haute science
Est bien doux à celuy qui n'a l'experience.

LE POETE.

D'où vient que des mortels chasqu'vn est mes-
content,
L'on ne voit point d'esprit qui ne soit inconstant,
Toute condition importune son maistre,
L'hōme image de Dieu se plaint biē de son estre,
Puis qu'il va ialouzant le cerf & le corbeau
A cause que son iour s'esloigne du tombeau,
Les grands Rois adorés comme dieux de la terre
N'ayās pas en leur main le foudre & le tōnerre,

Sont contraints d'emprunter le ſecours d'vn canon,
Pour ſemer la terreur & l'efroy de leur nom:
Les autres ſouuerains, qui n'ont point de courõne
Accuſent la ſaueur de celuy qui la donne.
Ses graues magiſtrats n'ont le pourpre éclatant,
D'vne celeſte cour va l'honneur imitant,
Bien que leur volonté commande ſouueraine,
Ils vont pleignant auſſi le trauail & la peine:
Chaſque moment du iour l'on voit le courtizan
Souhaitter le bon-heur du chetif artizan,
Et d'vn contraire effet le noble de Champagne
S'imagine vne cour qui ſon train acompagne.
Malheureux que ie ſuis les Muſes cheriſſant
Ie deteſte ceſt art que l'on tient rauiſſant,
Ie m'imprime ſouuent dedans ma fantaiſie,
Que de faire des vers eſt vne freneſie:
Vous autres que l'on met au rang des immortels,
Qui braues meritez le parfum des autels:

Prendrez vous le trauail d'vne penible attente
Pour seruir de guerdon à vostre ame contente?

LE CAPITAINE.

Maintenant satisfait de mes trau ux passez,
Ie n'ay plus ny le corps ny les membres lassez:
Puisque sans y penser la douceur de vos charmes
Soulage le fardeau à mes pesantes armes,
Mon oreille pendue au doux son de la voix,
Iuge pour liberté le seruice des Roix,
Vous escoutant ainsi parler de la fatigue,
Vn chascun eust esté pelerin de la Digue:
Ses grands monts orgueilleux de neges blanchissans
N'eussent espouuenté les soldats fremissans:
Leur courage eust volé de l'vn à l'autre pole,
Tant le pouuoir est grand de si douce parole.
Toutefois les rochers se sont esuanouis
Par le brillant esclat des armes de Louys.
L'exemple precedent de la mer captiuee,
Leur fist craindre l'abord de sa force esprouuee;

Ce grand Roy des bergers a franchi d'vn plein
sault
Le pas du Sauoyard, & luy donne l'assault,
Marchant victorieux dans Suze terracee,
Qui tient de son seigneur la memoire effacee,
C'est en vain que l'hyuer oppose ses efforts,
Le soldat veut souffrir pour vne mille morts,
Et sans plus retarder trauerse Lygurie
Pour donner le secours au pere de Marie.

LE POETE.

Ton recit merueilleux espouuente mes sens,
Apollon n'auroit pas d'assez dignes accens,
Le chemin que tu dis ce fust lors Quancelade
A l'empire du Ciel presenta l'escalade,
Qui va de Iupiter le sceptre menaçant
Ossa sur pelion l'vn sur l'autre entaçant.

LE CAPITAINE.

Resolu desormais de faire vne retraitte
Ie veux rendre à la fin ma liberté parfaitte,
C'est la raison que Mars cedde aux loix de l'a-
mour,
Et que mon cœur vaincu puisse aymer à son tour.

L'agreable printemps d'vne verte ieunesse
S'encourt d'vn pas leger aux pieds de la vieillesse,
Cette Parque entre deux se rencontre souuent
Qui porte nos desseins sur les aisles du vent,
L'homme s'euanouïst, & ne deuient qu'vn songe,
Le souuenir d'vn mort ne semble que mensonge,
Il faut qu'vn doux Hymen, si ie vas finissant
Dans la posterité me face renaissant,
Qu'vne espouse sans fard pres d'vn amant fidelle
Imite en ses baisers la chaste tourterelle.

LE POETE.

O belle inuention pour deuenir heureux
Sur la fin de ses iours & se rendre amoureux,
De ce moyen depend vne mortelle guerre
Qui fait que le mary ne regrette la terre,
Preferant le seiour des ombres de là bas,
Ne tenant rien icy plus doux que le trespas:
Si tu prens mon conseil demeure capitaine,
Et te garde sur tout de l'ambusche certaine.

LE CAPITAINE.

Ie sçay bien que l'Hymen ne pareſt qu'vn tourment
Entre vous libertins portez au changement,
L'amy dans ſon deſſein deſire l'aſsiſtance,
Ne fais donc Amphion plus longue reſiſtance,
Ce iourd'huy nous irons en vn lieu reueré,
Pour eſtre contentez d'vn Oracle aſſeuré:
Allons & tu ſçauras le ſubiet du voyage.

LE POETE.

Ie ſuis deſia rauy de ce beau mariage.

ACTE

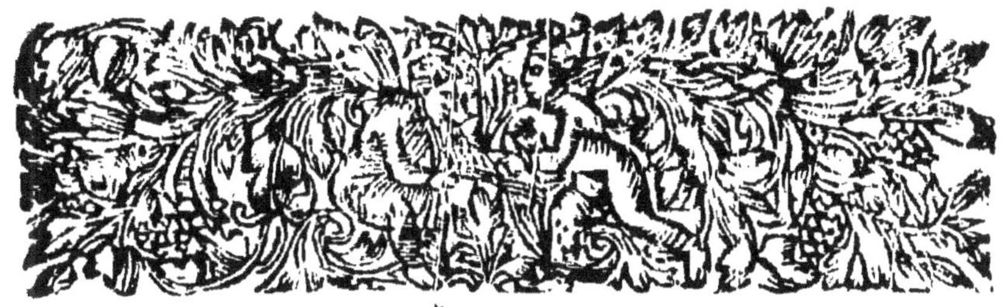

ACTE DEVXIESME.

SCENE PREMIERE.

CELIDOR *seul.*

I'Ay tantost espreuué tous les traits amoureux,
Quelqu'vn m'est fauorable & l'autre malheureux,
Tousiours la lance au poing ie pares en la lice,
Cheualier adorant la deesse d'Erice,
Toutes les passions que l'on feint à plaisir
Au sortir du berceau me sont venus saisir,
I'ay recherché par tout le bon heur de la vie,
Dans l'obiet où le corps peut porter son enuie:
Mais en nostre mestier qui doit recompenser
Vn amour finissant il faut recommencer,

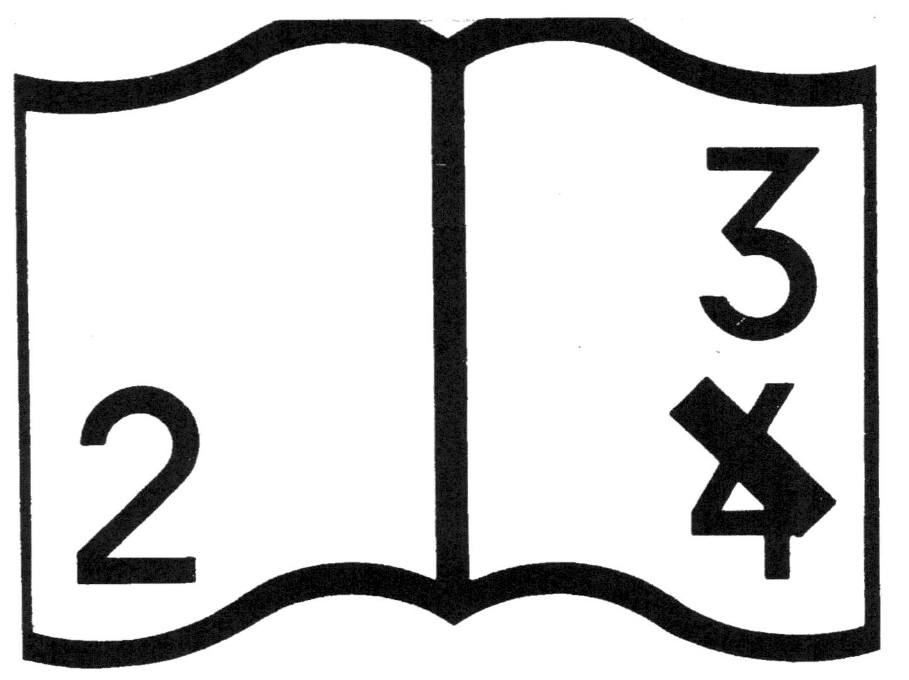

Pagination incorrecte — date incorrecte

Et ne mãque à nos iours que le bien & la force,
Nous treuuans abuseZ par vne fauce amorce:
L'exemple familier & la cause du mal
Me font voir le chemin qui meine à l'hospital:
Ie me veux marier, c'est l'vnique remede,
N'ayant qu'vne beauté qui seule me possede,
De qui puis-ie à la cour faire vne election,
Si ie vais m'embarquer dedans l'affection,
L'ordinaire soupçon seruira de dispence,
Point de bien, point d'argent, & beaucoup de despence:
Si ie vais à Paris l'on veut vn officier,
Vn homme de finance, ou quelque Iusticier,
Toutefois maintenant le frison de Polette
Donne souuent la fieure au cœur d'vne caillette:
Si i'oze hazarder l'orgueil du partiZan,
Ce n'est ce qui luy faut qu'vn pauure courtizan,
L'vn & l'autre suiuant vne vmbre fugitiue,
Qui tient entre ses mains leur fortune captiue:
Si ie prens le tombeau de quelque vieux peché,
Il faut rendre dans l'an ce que l'on a touché.

Si ie vais fureter vne vefue escroquee,
Ma recherche aussi bien ne sera que mocquee:
Bref mon aduis flottant demeure suspendu,
Qui souspire d'auoir si long temps attendu,
Dans vn desert sacré demeure vne Sibile,
Qui sçait le mouuement de ce premier mobile:
Qui preuoit l'aduenir en l'ordre des saisons,
Quand le soleil s'en va par ses douze maisons:
Mesme que l'on m'a dit qu'elle auoit cognoissance
De ce terme dernier au point de la naissance,
Ie la puis consulter de l'Hymen proposé,
Apres auoir vn peu son autel arosé
D'vne iaune liqueur qui se nomme Lustrale,
Propre de rafraichir la gorge de Tantale:
C'est afin de sçauoir tout le secret des Dieux,
Sans elle on importune & la terre & les Cieux:
Marchons donc vistement, desia la nuict s'aproche,
La Prophete pourroit me faire vne reproche

D'estre venu trop tard, car dans l'obscurité
I'appris que son demon est souuent irrité,
Comment treuuer ce lieu si ie n'ay quelque guide
La peur ne doit tomber qu'en vne ame timide:
Ie ne veux compagnõ que les flambeaux du iour,
Pour tesmoigner le soin qu'il a de mon amour.
Ce n'est pas aux enfers qu'il me faille descendre
Pour reuoir les Troyẽs, ou l'ombre de Cassãdre,
Ce dessein ne fût bon qu'à l'enfant desiré
Qui suiuit le rayon de son rameau doré,
I'apperçoy le vallon de la grotte profonde,
Mais on marche soudain la troupe vagabonde
De Cheualiers errans dans l'espesseur du bois,
I'estime en cognoistre vn à l'accent de sa voix,
Si ie ne suis trompé, voyla le Capitaine
Prest à se reposer au bort d'vne fontaine,
Et tout proche de luy le charmant Amphion
Qui murmure des vers tous pleins de passion.

SCENE DEVXIESME.

DIALOGVE DE CELIDOR, DV CAPITAINE, DV POETE,

CELIDOR.

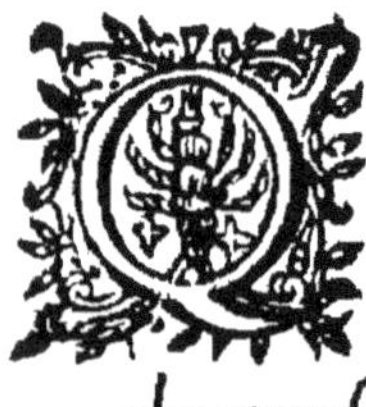

Vel destin vous conduit en ce lieu solitaire?
Vous n'estes pas icy sans beaucoup de mystere.

LE POETE.

Ie croy pareillement qu'vn galand Celidor,
Au desert esloigné cherche la toison d'or.

LE CAPITAINE.

Ie suis rauy voyant de rencontre soudaine,
Celidor & le Poëte auec le Capitaine.

CELIDOR.

I'ay tenu ce seiour incognu des mortels,

LE POETE.

Toutesfois tout autour ce ne sont que cartels,
Que de chifres grauez en l'escorce des arbres,
Qu'vne amoureuse main a pris au lieu de mar-
(bres.

LE CAPITAINE.

Moy ie treuue marchant le chemin tout battu:

CELIDOR.

Ce n'est donc pas icy celuy de la vertu
Que l'on tient epineux à qui la voudra suiure.

LE POETE.

Ce seiour est fort beau pourueu qu'on puisse
viure,
Preuoyant qu'à ce soir chascun mourra de faim,
Ie ne voy point icy ny bouteille ny pain,
Ce n'est pas le moyen de faire ma demeure.

LE CAPITAINE.

Ne sçauras tu iamais t'ẽpescher pour vne heure?

LE POETE.

Ne sçais-tu que Bachus est nostre pere à tous,
Et sans boire d'autant il se met en courrous:
Le laurier d'Apollon ne garde sa verdure,
Qu'en vn lieu chaleureux esloigné de froidure,

L'ombrage le ternist & le pampre odorant
Du froid & de l'hyuer est tousiours ignorant.

CELIDOR.

Maintenant que tu vois l'ardente canicule,
Qui peut faire cesser le trauail d'vn Hercule.
Ne vas-tu benissant les antres boccagers,
Pour seruir de retraitte aux amoureux Bergers.

LE POETE.

Mais si ie suis long temps à l'ombre du boccage
Ie deuiendray l'oiseau que l'on a mis en cage,
Auquel rien n'est donné qu'il ne sçache parler.

LE CAPITAINE.

Belle comparaison d'vn habitant de l'air,
Et de ce large corps qui creue de sa gresse,
Ne voulant pas sçauoir qui sera sa maistresse.

CELIDOR.

C'est donc là le dessein qui vous a fait venir.

LE CAPITAINE.

Ie protest n'auoir vn plus doux souuenir,
Que celuy d'aborder vne antique prestresse,
Afin de retirer mon ame de detresse.

CELIDOR.

Allons de compagnie, & demeurons d'acort,
De celuy de nous trois qui luy fera l'abort;
Ce doit estre Amphion comme vn sacré Poëte,
Qui du secret des Cieux me semble l'interprete.

LE POETE.

Vous estes abusez de iuger que ie sois
Assez fort que d'auoir creance dans sa voix,
Qui luy peut inspirer la nouuelle future
De mes projets conceus au gré de l'aduenture.

CELIDOR.

Pourquoy sont si souuent les astres accusez?

LE POETE.

Ce n'est que pour punir les hommes abusez,
Qui veulent penetrer en l'abysme supreme
De celuy qui tient tout caché dedans soy-mesme,
Tous nos desseins diuers enfans de la raison
Sont éclos du cerueau qui leur sert de prison,
Chasqu'vn se presentant au choix de la pensee
La memoire de l'vn par l'autre est effacee.
Ie despite l'effort du demon ancien,
Et le soin vigilant de l'Ange Gardien,

De cognoiſtre vn progrez graué dedans mon
ame,
S'il ne voit preceder vn effet de ma flame.

CELIDOR.

De grace cher amy pourſui donc ce diſcours,
Ie ſuis preſt de quitter celuy de mes amours.

LE POETE.

La libre volonté nous demeure eternelle,
Soit en vne action ou ſaincte ou criminelle,
C'eſt pourquoy le ſucces eſt touſiours incertain,
Le vouloir d'auiourd'huy ne ſera pas demain:
Qui le pourra preuoir, & par quelle influence
D'vn accident douteux ſe forme la ſcience,
L'aſtre dominera ſur le corps ſeulement
Pour eſtre composé de ce bas Element.
Nos maux viennent ſouuent d'vne œillade fu-
neſte,
Que darde ſur nos chefs la planette cœleſte:
Mais que le mouuement d'vn eſprit agiſſant,
Impaſsible, immortel, de ſoy meſme puiſſant:
Par vn ſi foible effort reçoiue la contreinte,
C'eſt l'infaillible erreur fondé ſur vne feinte:

Le souuerain autheur qui sçait nostre dessein
Le change quand il veut, & l'arrache du sein,
Nous faisant conceuoir vn autre tout contraire,
Preuenant le vouloir afin de le distraire:
Toutefois poursuiuons le chemin commencé.

CELIDOR.

Ie voy bien que l'amour n'est donc guiere aduancé.

LE CAPITAINE.

Nous aurons du plaisir en sa courte visite,
Le temps & la saison à cela nous inuite.

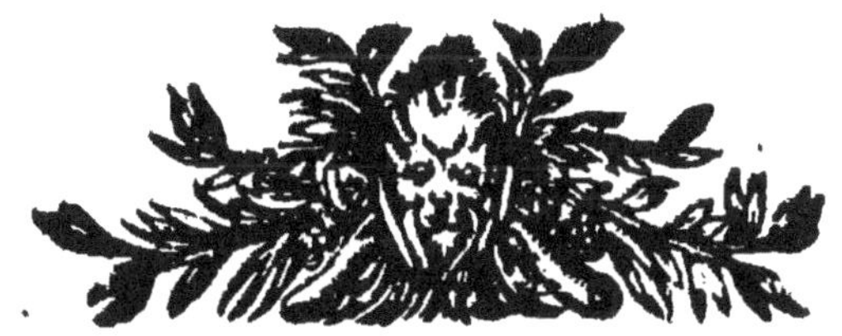

SCENE TROISIESME.

CELIDOR.

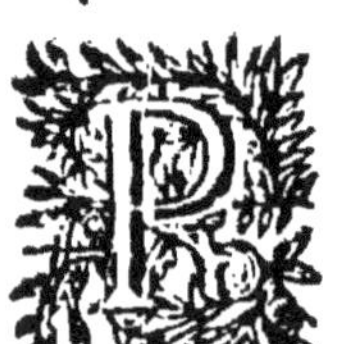

Rosterné deuant toy qui conceus l'aduenir,
Ie viens dire qu'Hymen ne me veut retenir
Captif en ses liens si ie ne t'importune
Pour aprendre l'arrest de ma bonne fortune:
Le choix d'vne beauté remis entre tes mains,
Comme à celle qui tient tout le sort des humains.
M'a forcé de sonder ta volonté sacree
Touchant l'election de celle qui t'agree,
Afin que si ie suis asseuré de mon mieux,
Ie puisse rechercher le regard de ses yeux.

LA SIBILLE.

Melidor ie sçay bien le subjet qui te meine,
Mais ie ne puis donner de secours à ta peine,

Qu'vn perfide Amphion ne s'esloigne d'icy,
C'est à toy desormais d'en prendre le soucy,
A Dieu pour ceste fois.

LE POETE A LA SIBILLE.

Quelle infame sorciere
Veut icy presider à la couche nociere,
Pourquoy nous abuser sur mon esloignement,
C'est que la verité ton langage dement.
Des credules espris au son de ta parole
Se treuuent satisfaits d'vne feinte friuole:
Pour moy ie cognois bien tes crimes ignorez,
Et la punition des tourmens preparez.
Ne voyons nous desja ta fumante cauerne,
Qui nous va figurant la bouche de Lauerne,
Ses hibous, ses orfrais, ses nocturnes oiseaux
Se vont entretenant de l'horreur de tes maux:
Le silence profond de ce desert sauuage,
Fuyant va publier son malheur au riuage:
Tu fais bien d'euiter les rayons du Soleil,
Qui iamais icy bas n'ont rien veu de pareil:
Vne eternelle nuict doit couurir ce visage,
Afin que de la voir on en perde l'vsage.

LA SIBILE.

Perfide, audacieux, temeraire, insensé,
Faut-il donc qu'vn mortel soit si fort aduancé,
Qu'il oze blasphemer contre mon innocence?
O Ciel iuste vengeur, prens-tu point cognois-
sance
De l'affront que me fait vn mortel ennemy,
Ou bien si tu ne veux me venger qu'à demy,
I'inuoqueray soudain l'infernale cohorte
Punissant l'imposteur qui parle de la sorte?

LE POETE.

Les Demons retenus au manoir de Pluton,
Ne sont pres de venir au gré d'vn Electon,
Le Cerbere enchesné pour pour defendre l'entree
N'oze pas remonter en si belle contree:
Quel monstre est aux enfers plus à craindre
que toy,
Si tu veux qu'vn chascun soit submis à ta
Loy.

CELIDOR.

Finissons ce discort fait à mon preiudice,
Mesme de son sçauoir ie ne veux autre indice,

Que d'auoir recognu ton discours precedent,
Ie me treuue vaincu par vn signe euident.

LE POETE.

C'est en quoy ton esprit se trompe dauantage
Ignorant le projet de ce double langage,
N'ayant iamais voulu que ie fusse present,
Pour la facilité de t'aller abusant.

LE CAPITAINE.

Si nous aimons tous deux vne ame curieuse,
Ie tiens que la tienne est ialouse & enuieuse,
Nous bruslons de desir & tu veux amortir
Ce qui doit estre fait sans aucun repentir,
Laisse nous hazarder le sort ineuitable
Sans tesmoigner pour nous vn soin si charita-
ble.

CELIDOR.

I'appreuue ce discours, i'en voulois dire autant,
L'on diroit que le Poëte est tousiours resistant.

LE POETE.

Le Demon familier de la Sibille noire
N'a pas eu le pouuoir de me donner à boire.

A Dieu donc ie m'en vais au ſeiour du plaiſir,
Dans le verre tout plein, où l'on boit à loiſir.

CELIDOR.

Allons nous repoſer au frais de ceſt vmbrage,
La Sibille pourra diuertir ſon courage.

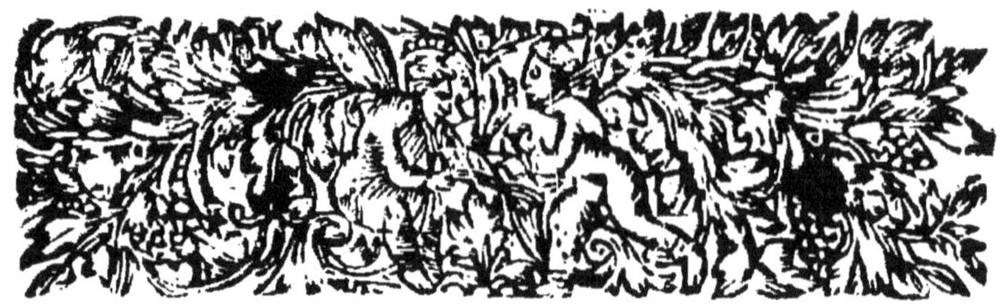

ACTE TROISIESME.

SCENE PREMIERE.

CELIDOR.

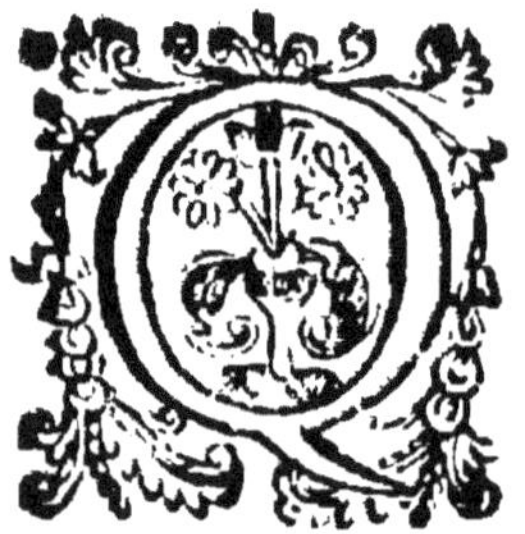

Ve ie faits vn effet contraire au sentiment,
I'ayme sans auoir veu ce qui me fait amant,
Ie veux suiure tousiours vne ombre fugitiue,
Sans cognoistre l'objet de mon ame captiue,
Ie cheris le portrait que moy-mesme i'ay peint,
Toutefois en naissant mon subiet est esteint:
Mais peut il estre veu, puis qu'il est inuisible,
Ie mourray mille fois éprouuant l'impossible,
Où ie sçauray bien tost si ie suis enchanté:
C'est peut estre d'amour quelque songe inuenté,

Pour me faire éprouuer le pouuoir de ses charmes
Afin d'estre vaincu de ses puissantes armes,
Ie suis prest de mourir d'vne si douce mort,
Et si ie meurs d'amour ie beniray mon sort,
Pourquoy suis-ie vaincu, ie n'ay point veu la
breche,
Ny ressenty le coup de l'amoureuse fleche,
Le bel œil rauissant presente le cartel,
Et nostre cœur reçoit son effet immortel.

LE CAPITAINE.

Ie voy bien que ton feu cherche quelque matiere
Propre pour esmouuoir vne chaleur entiere,
Ne pouuant subsister sans ce doux aliment
Qui fait que nostre cœur s'embrase doucement,
Comment s'imager vne chose ignoree,
Nostre felicité ne peut estre esperee,
Si nous n'en cognoissons la cause & le subiet.

CELIDOR.

N'est il pas bien aisé de se feindre vn obiet,
Aymable, gracieux, tout plein de courtoisie,
Vn ouurage conceu dans nostre fantaisie?

LE CAPITAINE.

Tu me parles d'vn songe, & ie cherche l'effet,
Nature ne se plaist à l'ouurage imparfait,
Ie voudrois posseder, & non sans asseurance
Repaistre mes desirs de vent & d'esperance.

CELIDOR.

L'esperance d'amour est vn fruict sauoureux,
Et qui vit sans espoir ne peut estre amoureux.

LE CAPITAINE.

Ainsi qu'vn Empereur qui fist seruir à table
Le senat d'vn festin qui n'estoit veritable.

CELIDOR.

Voudrois tu comparer l'appetit de manger
Au feu qui va bruslant vn amoureux berger?

LE CAPITAINE.

Voudrois-tu soulager la violente fiebure
Pour ietter vn peu d'eau sur le bord de la leure?
Sous l'espoir incertain de ton illusion
Tu me veux abuser de mon affection:

CELIDOR.

Qui voudroit opposer le nombre des obstacles,
Amour ne pourroit pas faire voir ses miracles.

LE CAPITAINE.

Mais tout ce que tu dis sans l'auoir espreuué,
Ce n'est que quand la nuict nostre esprit a resué,
Ses amoureux baisers d'vne bouche vermeille
Seruent d'empeschement que nostre ame sommeille,
Sans eux on periroit, & l'estre renaissant
Par la loy du trespas s'en iroit finissant.

CELIDOR.

La Nature vous est grandement obligee,
Que par vostre moyen elle soit soulagee,
C'est pourquoy vos raisons me vont persuadant,
Qu'il faut viure & mourir en ce desir ardent,
Et non point s'arrester au gré de la pensee,
Mais ie voy pres de nous la Sibille aduancee.

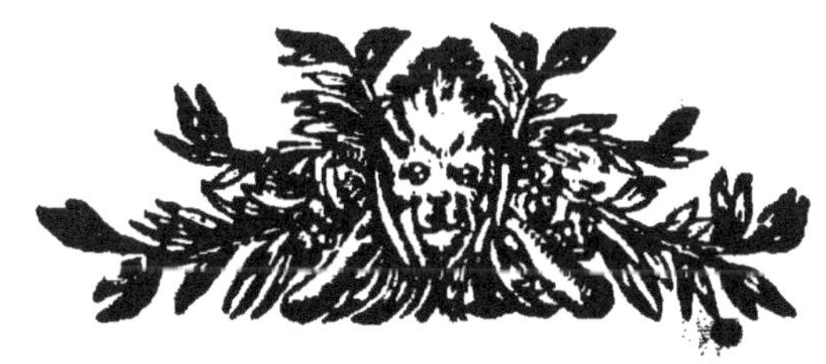

SCENE DEVXIESME.

LA SIBILE.

Ergers vous me voyez preste à vous receuoir,
Maintenant ie vous fais offre de mon pou..o.r,
Suppliant Iupiter que le Ciel vous benisse,
Et que vostre bon heur à iamais ne finisse.

CELIDOR.

Interprete des Dieux & du sacré destin,
Qui cognois de nos iours la naissance & la fin:
Mon compagnon & moy bruslez d'impatience
Nous auons le recours à ta haute science,
Pardonne toutefois à la temerité.

LA SIBILLE.

Vostre esprit curieux n'a que bien merité,
L'vn & l'autre cherchez maistresse secourable,
Sur cela mon aduis vous sera fauorable.

Sçachant tout le dessein du voyage entrepris
N'est ce pas en effet la fleche de Cypris?
Il n'est point de besoing d'expliquer d'auantage,
Melidor vous aurez ce portrait en partage,
Dont l'image viuant n'est esloigné d'icy,
La conqueste pourtant trop pleine de soucy
Vous fera ressentir combien la destinee
Veut arrester le cours d'vn si cher Hymenee.
Les discours medisans, les orages diuers
Menacent d'atterrer ce dessein à l'enuers,
Retenez le conseil du pasteur Aristee,
Afin de discerner le charme de Prothee.

CELIDOR.

Puisque ie suis certain du bien qui m'est promis,
En vain tous les effors des astres ennemis,
Contre les elemens ie declare la guerre,
Ie le veux conquerir au centre de la terre.

LA SIBILLE.

Gardez vous d'irriter la volonté des Dieux,
Qui ne peuuent souffrir vn cœur audacieux,

Ce qui vient de leur main doit estre desirable,
Autrement le progrez est tousiours perissable.

C E L I D O R.

Qui peut faire perir vn image si beau,
Si le mesme soleil luy cede son flambeau:
Son œil à demi-clos bien que priué de flame,
Me represente au vif la beauté de Madame,
Comment pourray-ie donc le regarder viuant,
Quand mort il me contraint que ie l'aille suiuant?

L E C A P I T A I N E.

Tu ne fais qu'abuser nos oreilles faciles,
Et perdre ainsi le temps en propos inutiles:
Cependant que i'attens pour cognoistre mon sort,
Ie suis entre la vie & l'heure de la mort:

L A S I B I L L E.

Non non espere mieux, ta fortune assuree
Te promet vn repos qui sera de duree,
Ne iuge le succés par le commencement,
Si tu veux meriter la gloire d'vn amant.

L E C A P I T A I N E.

Arreste vn peu tes pas, ne laisse suspendue
Mon ame qui languist de t'auoir entendue.

LA SIBILLE.

Pourquoy tes pleurs vont ils ton visage arrosant?
Ie ne preuoy sinon vn bon heur tout present,
Pourueu que les desseins d'vne ferme constance
Soient guidez de raison auecque resistance:
Le veritable bien ne se doit acquerir
Que par vn qui se met au hazard de perir:
Le trauail courageux à la vertu s'assemble,
Bref ce sont deux amis qui sont tousiours ensemble.

LE CAPITAINE.

Du moins s'il faut souffrir, dis moy pour qui tu veux,
Et qui doit estre ainsi l'idole de mes vœux.

LA SIBILLE.

Va te ietter aux pieds de la vefue Celinde,
Qui vaut comme tu sçais tout le tresor de l'Inde:
Bien tost l'occasion s'offre de la seruir,
A cause que l'on veut sa niepce rauir:
Ie vous dis donc adieu, l'amoureuse aduenture
Fera voir le subiet de sa peine future.

CELINDE *toute effrayee paroist en vn bocage.*

Sus Bergers au secours, vn traistre suborneur
Vient icy deuant vous enleuer nostre honneur.

CELIDOR.

Quel murmure en ce bois, & quelle voix pleintiue?

LE CAPITAINE.

Ie viens d'apperceuoir Celinde fugitiue,
Qui se iette au trauers du sentier vmbrageux.

CELIDOR.

Que si quelque indiscret d'vn courage outrageux
L'auoit tant seulement de parole offencee,
Ie punirois l'effort de sa rage insensee.

LE CAPITAINE.

Maintenant il ne faut si long temps s'arrester,
Mais bien la secourir, & viste se haster.

CELIDOR.

Suiuez ce fau fuyant, moy par cette coulee
Ie la pourray treuuer au fond de la valee.

LE CAPITAINE.

Melidor, si quelqu'vn te vouloit arrester,
Marche legerement afin de l'euiter.

SCENE TROISIESME.

LE POETE, ET LA SAGE MONDAINE.

LE POETE.

V va sans regarder d'vne course soudaine,
Le grand pas redoublé de la sage Mondaine?

LA SAGE MONDAINE.

Ton apas doucereux sous le piege tendu,
Ta parole tousiours suspecte m'a rendu,
Ton soin est curieux, & croy que son enuie
De malice est plustost que de bonté suiuie.

LE POETE.

Me faut-il accuser sans auoir offensé?
Bergere c'est à quoy ie n'ay iamais pensé:
L'amour me donneroit vne peine infinie,
Ne voulant pas laisser ceste faute impunie:
Ie serois trop heureux si i'auois merité,
Que mon œil en passant eut ton cœur irrité.

LA SAGE MONDAINE.

Ie soupçonne beaucoup cette fine acortise,
Damphion le moqueur ainsi me galantise:
Toutefois on m'a dit qu'il est assez discret,
Et qu'il peut receler vn amoureux secret.

LE POETE.

Tu me veux accuser de par trop de langage,
Et que fort rarement à l'amour ie m'engage.

LA SAGE MONDAINE.

Vn coulpable tousiours accuse son forfait,
Ne pouuant deguiser la verité du fait.

LE POETE.

Ie ne feray iamais coupable de ce crime,
Si tu veux accepter l'offre de ma victime.

LA SAGE MONDAINE.

Hé ! quel brasier ardent te pourroit consommer,
Toy qui ne sceus iamais ce que c'est que d'aymer.

LE POETE.

Me voulant receuoir en esclaue fidelle,
Ie mourray mille fois pour l'amour de ma belle.

LA SAGE MONDAINE.

Ie soupçonne beaucoup de ta fidelité.

LE POETE.

Ie ne merite point vne autre qualité.

LA SAGE MONDAINE.

Les escrits medisans où ta muse l'aplique,
Font que sans y penser deuant toy ie m'explique.

LE POETE.

C'est à moy d'esuiter ton foudre menaçant,
Qui ne veut pas sçauoir si ie suis innocent.
Dis moy donc le subiet dont la ville m'accuse,
Afin que librement ie treuue mon excuse,
S'il est vray sans auoir le courage endurcy,
Bien tost i'auray recours à ta douce mercy:
Tirsis m'auoit desia fait reproche pareille,
Mais soudain que de luy s'approche mon oreille

Vn mouchard importun vient de l'autre costé
Par lequel à tous deux ce loisir fut osté.

La sage Mondaine.

Ce n'est luy seulement, ains toute l'Arcadie
Vnanime retient ta muse trop hardie,
Les Bergers se sont pleins que tu viens decou-
urir,
Lors qu'vn ieune d'entr'eux a dessein de souffrir,
L'on ne sçauroit cacher vne œillade eslancee
Que tu vas predisant le but de leur pensee,
Le baiser à l'ecart ne peut estre donné,
Que ton œil trop ialoux ayt iamais pardonné,
Mille vers deguisez en forme de Satyre
Vont ainsi racontant leur amoureux martyre.

Le Poete.

C'est donc là le forfait qu'on dit que i'ay cõmis,
Le faisant ie croyois faire pour mes amis.
Que seruiroit vn feu caché dessous la cendre,
Aussi bien vn amant le voudroit il apprendre,
Si quelqu'vn l'ignoroit, la seule vanité
Contente son amour & non la verité.

LA SAGE MONDAINE.

Celle de qui l'honneur a seruy de conduite
Ne se voit pas souuent en ce blasme reduite:
L'innocence parest au milieu de son front,
Mesme le medisant n'en reçoit que l'affront.

LE POETE.

C'est icy le seul poinct d'où despend le trophée,
Iamais femme n'aura sa prudence etouffee,
Lors que ses actions tesmoignent sa vertu.

LA SAGE MONDAINE.

Depuis quel temps a-t'on pour elle combattu?
Ce fust au siecle d'or dont la saison perduë
Ceste chaste pudeur a publique renduë.

LE POETE.

Il faut que ce discours soit à la fin graué
Sur le marbre eternel d'vn temple releué:
Car ie tiens qu'à present les filles de memoire
N'ont point dans leurs cayers vne si belle histoire.

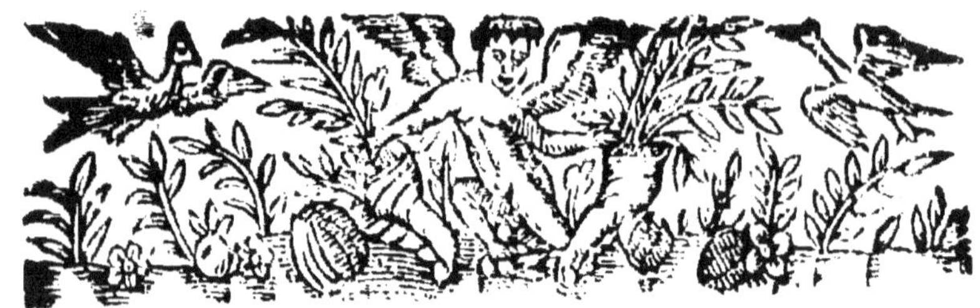

ACTE QVATRIESME.

SCENE PREMIERE.

CELINDE.

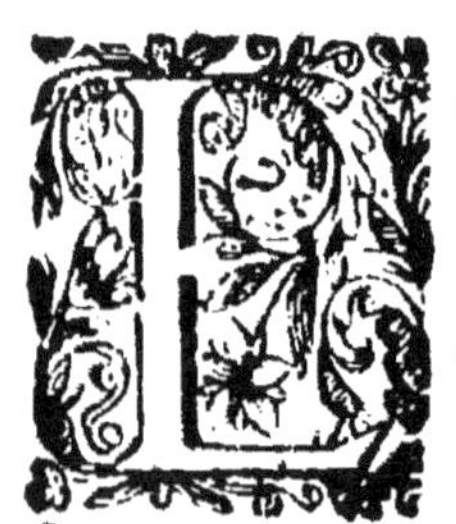*A feconde Ceres trauersant l'vniuers,*
En cherchant son soucy par les bocages vers:
Lors que sans y penser le rauisseur inique
Mist l'amour & l'Hymen sous sa loy tyrannique,
Biẽ qu'elle eust descouuert & l'endroit & le lieu,
Toutefois cognoissant que de la main d'vn Dieu
Son plaisir fut raui d'vne force contrainte,
Le silence mist fin à sa funeste plainte.

Sçachant bien qu'il estoit frere de Iupiter,
Et qu'en vain son effort luy voudroit resister,
De mesme l'accident de Francine rauie,
Francine que i'aymois plus que ma propre vie
Me fait voir clairement que mõ regret est vain,
N'estant plus auiourd'huy sous le pouuoir humain,
Le Dieu Pan pour dõner la marque de sa gloire
Captiue la retient au temple de Victoire,
Vn Satyre Corsu le passage defent
Qui nous rend interdit l'abort de cest enfant,
Mais ie veux qu'vn berger de ma part le salue,
Le suppliant au moins qu'elle ne soit polue,
Celidor à propos vient icy m'assister,
Ie sçay qu'en ma faueur il voudra s'arrester.

CELINDE continuë de parler.

Ha fidelle berger tu me vois demy morte,
De ce que le Dieu Pan me traitte de la sorte,
Ma niepce rauie au plus beau du midy
Par le bras indompté d'vn Satyre hardy

Me

Me force d'implorer ton ayde secourable,
Que ie puisse reuoir mon objet desirable.

CELIDOR.

Depuis deux iours entiers que ta pleintiue voix
Fist entendre vn accent au milieu de ce bois,
Que Timandre te vit en passant la ramee,
T'eclypsant de nos yeux ainsi qu'vne fumee,
Mon compagnon & moy nous allions t'asseurer,
Que rien pour le trauail ne pourra demeurer.

CELINDE.

A ses offres ie n'ay de digne recompense,
Si mon affection ne me sert de dispense.

Celidor porte au col le portrait que la Sybille luy auoit donné.

CELINDE *parle encore.*

DIs moy qui t'a donné cest aymable portrait,
Car ce visage peint meslé d'vn doux attrait

Me va representant l'image de Francine,
On ne peut la voyant qu'on ne se l'imagine:
Son front, son nez, son œil, son gracieux soufris
Me font voir l'abregé de ma ieune Cypris.

CELIDOR.

Heureux si tu cognois ceste douce peinture,
Afin de mettre à bout mon estrange aduenture,
La Sibille m'a dit que ie debuois vn iour
Malgré mes ennemis posseder son amour.

CELINDE.

Pleust aux Dieux qu'elle fust remise en ma puissance,
Benissant desormais l'astre de sa naissance,
Ie feray de vous deux vn Hymen fortuné,
Puis apres que le Ciel ainsi l'eust ordonné.

CELIDOR.

Bien que ton interest me donne l'alegresse,
Toutefois puis que c'est pour ma belle maistresse,
Que ie fais ce dessein du voyage entrepris,
Si ce mesme Dieu Pan veut vser de mespris,

Esprouuant vne fois l'effet de ma priere,
Ie luy mettray bien tost son Satyre en arriere:
Craintif on le verra sous mes pieds abattu,
Sans prendre le loisir de m'auoir combattu,
Non ie mets en depošts le gage de ma teste,
Que ie remporteray l'honneur de la conqueste.

CELINDE.

Pour moy ne desirant dauantage approcher,
I'attendray ton retour au pied de ce rocher.

CELIDOR.

Sus, sus, viste marchons, voicy le Capitaine,
Qui n'aguiere s'est fait compagnon de ma peine,
Venir à mesme instant que si i'auois expres
Enuoyé l'aduertir de se tenir tout prés.

LE CAPITAINE.

N'as-tu rien descouuert, ie lis en ton visage,
Que tu puis auoir veu la beauté du vefuage,
Celinde t'a donné quelque soulagement,
Le front est le miroir de nostre allegement.

CELIDOR.

Cher amy ie ne puis faire entendre mon aise,
Impatient bruslé d'vne Amoureuse braise,
Ie suis desia rauy dans l'espoir asseuré,
D'auoir la guerison de mon mal enduré.

LE CAPITAINE.

Dis moy donc Melidor quelle heureuse fortune
Pourra recompenser nostre course importune?

CELIDOR.

Au fond de ce vallon où parest vn ruisseau
Qui rauist le passant du cristal de son eau,
Me voulant rafraichir sur vne couche verte
I'appereus de fort loing Melinde descouuerte,
Exposant ses cheueux sur l'aisle des Zephirs,
Peu à peu m'aprochant au bruit de ses souspirs,
Ie l'allay consoler, & ie luy dis qu'Alcandre
Va par tout la chercher afin de la defendre,
Que suiuant iour & nuict la trace de ses pas,
Pour elle il veut souffrir mille fois le trespas:
Que son soing n'est penchant qu'au gré de son seruice,
N'est-ce pas en cela te faire vn bon office?

LE CAPITAINE.

Ie me sens obligé iusqu'au point souuerain,
Ce souuenir graué dans la porte d'airain
Fera que desormais ingrat ie ne l'oublie,
Conseruant immortel l'amitié qui nous lie.

CELIDOR.

Tu te mocque de moy, ie suis ton seruiteur,
Quitte ce compliment qui fait honte à l'autheur,
C'est le moindre subiet où mon deuoir m'oblige.

LE CAPITAINE.

Mais dis moy donc pourquoy ma bergere s'afflige?
Ton discours m'a rendu tous mes desirs contens,
Le sçachant c'est en vain que nous perdons le temps.

CELIDOR.

Pan le dieu des Bergers a rauy sa Francine,
Et Tiran sans raison la retient orpheline,
C'est l'image viuant d'vn portrait attaché,
Par là i'ay rencontré ce qui m'estoit caché.

LE CAPITAINE.

Tu ne pouuois auoir vne plus douce amorce
Pour l'aller conquerir par amour ou par force.

CELIDOR.

Alcandre suy moy donc, tu verras prompte-
ment
En la guerre d'amour ce que peut vn amant.

LE CAPITAINE.

De ce labeur ie suis ton fidelle Thesee,
Presque desesperé de Celinde abusee.

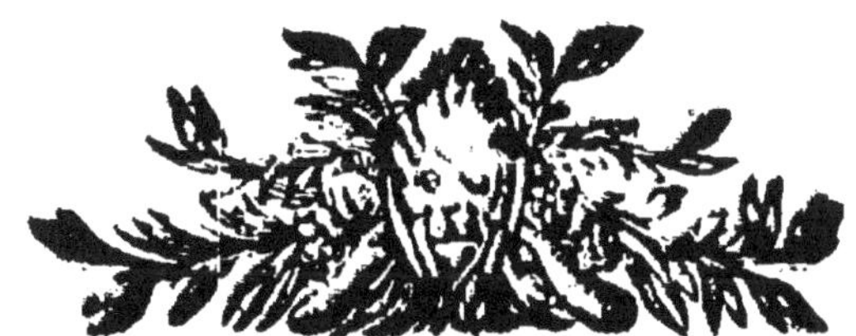

SCENE DEVXIESME.

Le Dieu Pan fait sortir Florize du Temple de Victoire, & la meine dans vn parterre delicieux, pour la conuier à la possession de son amour.

LE DIEV PAN.

L'Inutile regret que tu vas conceuant
Ne sçauroit se nommer qu'vn songe deceuant:
Mortelle tu te plains qu'vn Dieu te fauorise,
Et que de ton bel œil son ame soit éprise,
Ne crains-tu d'offencer l'exces de ma bonté,
Puisque ton desir est ma seule volonté.
Ne sçais-tu pas que i'ay l'vnique obeissance,
Sur les autres beautez touchant la iouïssance?

FLORIZE.

Sans doute que ce corps captif en tes liens,
Esloigné de l'aspect & du secours des miens
Dans l'effort violent ne le pourra defendre,
Toutefois c'est en vain que tu me veux surprendre.

PAN.

Que puis-tu souhaitter qu'vn aymable seiour,
Vn printemps eternel, vn paradis d'amour,
Te voir entre mes bras Deesse reuerée,
La compagne des Dieux & du peuple adorée.

FLORIZE.

Cela n'est suffisant de me veincre à ce coup,
Ceste felicité trop commune à beaucoup
Ne me semble vn nectar pour me rendre immortelle,
Non pour moy ie ne veux que l'on m'estime telle,
Mon honneur embelli de son lys odorant,
Iamais de la blancheur ne se va separant,
Crainte que le soleil ne l'estime coupable,
L'atouchement ternist sa fleur inuiolable.

PAN.

Quoy? n'est-ce pas assez de l'auoir demandé,
Qui me peut refuser lors que i'ay commandé?
De ma puissante main l'impetueux orage
Doit donner la terreur au plus hardi courage:
Le tigre & le lion flechis dessous mes loix
Se rendent adoucis au doux son de la voix:
Diane tous les iours se contente pasmee,
Des discordans accords de ma fluste animee.

FLORIZE.

Diane le pourroit par son egalité,
Florize n'aura pas cette facilité,
Trop grossiere d'esprit ne voulant recognoistre
Ce qui semble à ses yeux esloigné de son estre.

PAN.

Tu penses détourner mon dessein autre part,
Et que l'œil du Dieu Pan charme de son regard:
Aueugle ne preuoit ceste ruse inuentee,
Flattant de ce discours mon oreille enchantee.
Ie iure par le Stix le serment solennel,
Si ton cœur endurcy se force criminel,

De ne point m'obeïr à l'heure desiree,
Tu seras auiourd'huy des ongles deschiree.
Ie ne veux plus tarder pour auoir attendu,
Ton orgueil abaissé s'est superbe rendu.

FLORIZE.

Qu'vn Dieu comme vn Tyran m'oppose sa puissance,
Que sa lubricité soüille mon innocence,
Plustost de l'estomach i'arracheray mon cœur,
Que de le voir submis à l'infame vainqueur.

PAN.

Puisque l'impieté part de ton ignorance,
Le pardon desormais despend de ma souffrance:
Tu ne sçais conseruer le bon heur qui te suit,
Tes yeux le vont cherchant, & ton ame le fuit.
La fortune t'auoit assez aduantagee,
T'ayant de mon amour vnique partagee.

FLORIZE.

I'ay posé mon vouloir au soin de mes amis,
I'ay refusé tousiours ce qui n'est pas permis,
Cette façon d'aymer au fort de la contreinte,
Parmy les chastes cœurs ne donne pas atteinte.

L'Amour ne peut souffrir de se voir surmonté,
Toute son action gist en la volonté.

PAN.

I'en demeure d'accort afin de te complaire,
Tu te puis promener en ce lieu solitaire,
Dans vne heure & rien plus ie te viendray reuoir,
Pour apprendre au retour l'effet de ton vouloir,
Satyres qu'vn de vous pose la sentinelle,
Et l'autre gardera la chaste criminelle.

SCENE TROISIESME.

PAN sort du iardin delicieux pour aller à la chasse, Celidor & le Capitaine abordent le Satyre vn peu esloigné de la porte.

CELIDOR.

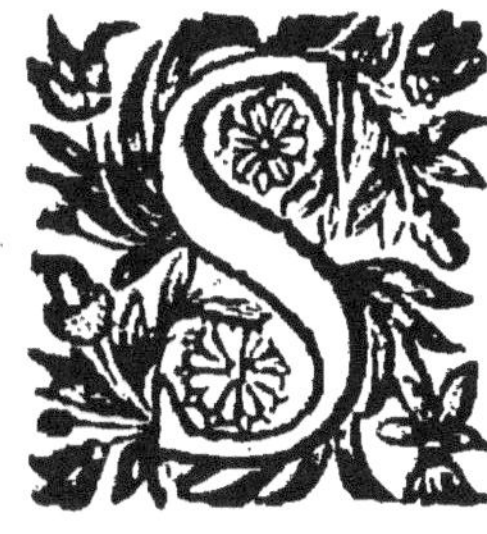

Ommes nous pas icy proche de la maison,
Où Pan vient demeurer en la belle saison?

LE SATYRE.

Quel Demon ennemy du bien & de la vie,
Vous fait suiure en ses lieux ceste Nymphe rauie?
Que n'estes vous venus apres moy qui l'a pris,
Ie iure par le Ciel que ne m'eussiez surpris,

L'on eust veu tout soudain ma pesante massue
Preparer le chemin de mon heureuse issue,
D'vne main i'eusse mis quatre bergers à bas,
Et le reste eust esté victime du trespas.

LE CAPITAINE.

Moy seul ie puniray ton audace effrontee
Comme Alcide embrassa le corps de son Anthee,
Que sçais-tu le dessein qui nous ameine icy,
Si c'est à ce subiet ou d'vn autre soucy?
Vrayment ie ne croy pas que le Dieu Pan se serue,
Ny qu'il face de toy si mauuaise reserue.

LE SATYRE.

Comment parler à moy, son maintien, son suport,
A ne pas encourir vne honteuse mort.
Ie ne veux plus auoir ce beau nom de Satyre,
Si mon bras maintenant me cause ton martyre.

CELIDOR.

Timandre laisse moy traitter ce rauisseur,
C'est moy, c'est moy, qui dois estre le punisseur

De l'horrible forfait commis à ma Deesse,
Pour assouuir sur luy mon ame vengeresse.

LE SATYRE.

Traistres, lasches, poltrõs, inuoquez du secours,
Ie vous mettray bien tost à la fin de vos iours:
La crainte de ce coup leur courage rebouche,
Et sans plus differer i'attaque l'escarmouche.

Le Capitaine saisit le Satyre & le iette par terre.

LE CAPITAINE.

Superbe ie te tiens, il ne faut contester,
Aussi bien c'est en vain si tu veux resister:
Vainqueur i'etoufferay cette langue impudente,
Qui pour nous aborder ne fust assez pru-
dente.

LE SATYRE.

A l'ayde compagnon, viens tost ne secourir,
Sans toy presentement ie suis prest de mourir:
Ces bourreaux acharnez d'vne rage insensee
Me font voir le penchant de mon heure aduan-
cee.

Ie cede à la rigueur de l'outrage receu,
Dépitant le malheur que ie n'auois conçeu.

Le second Satyre quitte la garde de Flo-
rize & vient au secours.

Chetifs que faittes, vous sera-il vn supplice
Propre pour expier vostre audace complice?
S'adresser au Dieu Pan qui commande inmor-
tel,
Entre nos deitez il ne s'en treuue vn tel:
Cependant offencer son Satyre fidelle,
Ie vous voy destinez tous deux à la cordelle.
Pour moy ie quitte là ta Nymphe & la prison,
Les combattre tous deux ce seroit sans raison.

FLORIZE.

Bergers qui que soyez d'vne oreille attentiue,
Escoutez les soupirs de Francine captiue,
Ne m'abandonnez point, ie suis entre vos mains,
Faittes donc mes captifs ses cruels inhumains:
Qui diront à mes pieds par vn contraire es-
change,
La prisonniere en fin à sa merci nous range.

CELIDOR.

Belle de qui mes yeux ont chery le portrait,
Auiourd huy que ie voy leur gracieux attrait,
Ie cognois que la main du peintre inimitable,
Le voulant imiter ne fut pas veritable:
Ie preuoy mon malheur pour auoir trop de bien,
Vous meritez beaucoup, ie ne merite rien,
Mon desir violent, & vostre indifference
Me priuent à l'instant de ma douce esperance.

FLORIZE.

Ce n'est pas en ce lieu que ie puis asseurer,
Ny de l'affection, ny de vous honorer,
A peine suis-ie à moy, Celinde me possede,
De son commandement mon amitié succede,
Esloignons nous d'icy, prenons la seureté,
I'apprehende l'abort du Dieu Pan irrité.

LE CAPITAINE.

Bergere ne craignez que ce Dieu vous offence,
Puisque vous nous auez prests à vostre defence,
Plustost que de souffrir qu'on attente sur vous,
Ie veux que Iupiter éclate son courrous,

Et mon

Et mon chef innocent ecrasé de sa foudre,
Reprenez vos esprits, car il se faut resoudre
De reuoir aujourd'huy celle que vous aymez:
Helas! celle qui tient mes desirs enflamez,
Nous trois allons offrir à l'autel de ses charmes
Ce Satyre enchaisné par l'effort de nos armes.

E

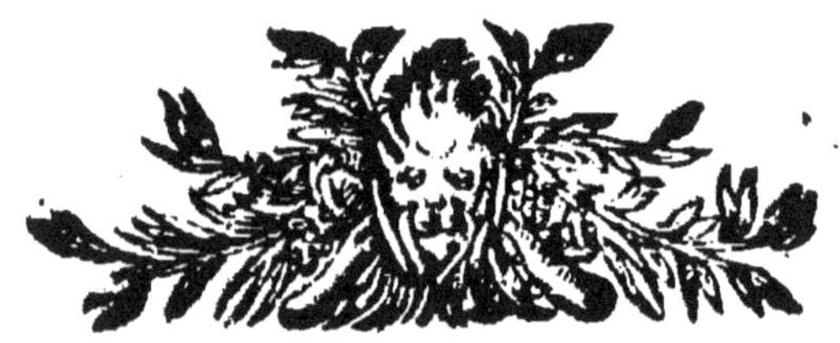

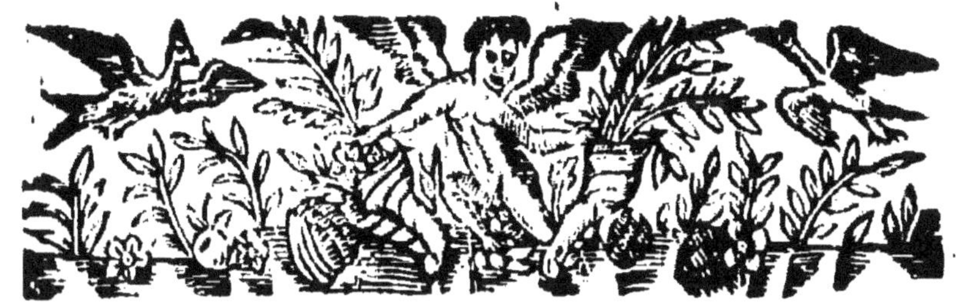

ACTE CINQVIESME.

SCENE PREMIERE.

FLORIZE.

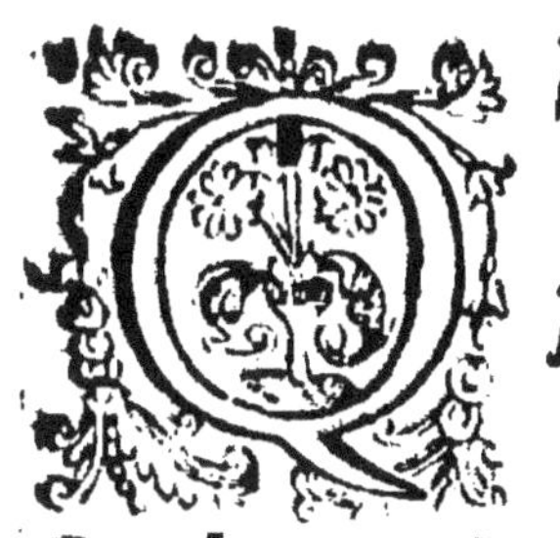

Qve l'on donne loisir à mes iours éplorez
De reuoir auiourd'huy mes parens desirez.
Que le rauissement estouffe ma parole,
Ma tante receuez mon ame qui s'enuole,
Afin que si ie meurs ie puisse tesmoigner
La haine contre vn Dieu qui m'en fist esloigner.

CELINDE.

Changeons ses tristes pleurs en festes continuës,
Que l'accent de nos voix s'esleue iusqu'aux nuës.

Qu'vn Automne eternel face gouster ses fruicts,
Que ses rares bergers ont maintenant produits,
Allons nous reposer, te tenant embrassee,
Ie te diray tantost le fond de ma pensée.

FLORIZE.

Ie ne veux le repos à mon contentement,
Vn cœur dans le plaisir veille eternellement,
Le sommeil assoupist, & desrobe nostre ame.

CELINDE.

N'as-tu point ressenti quelque amoureuse flame
Par le charmant aspect de ce ieune berger?
Dis le moy franchement, ie te puis soulager,
Ce souhait est permis en vn party sortable,
Ie l'ay tousiours iugé pour estre bien traitable.

FLORIZE.

Ie iure c'est à quoy ie n'ay iamais pensé,
Luy-mesme le sçachant en seroit offencé,
Qui pourroit refuser ceste offre presentee.

CELINDE.

S'il ne tient qu'à cela l'affaire est arrestee,
Ie cognois son dessein n'ayant rien entrepris,
Que mesme sans le voir son œil ne fut épris.
Ce portrait où tu vois ta figure dépeinte
Monstre assez clairemēt que ce n'est vne feinte.
Les Dieux l'ont accordé par l'oracle certain
D'vne de qui la voix n'eclatte point en vain.

FLORIZE.

Si les Dieux l'ont voulu, ma resistance vaine
Ne sçauroit diuertir l'ordonnance certaine,
Mais il n'est pas besoin afin de m'esmouuoir
D'alleguer le destin que de vostre pouuoir:
Ne suis-ie pas à vous, c'est à moy de complaire,
Et suiure le conseil de celle qui m'eclaire.

CELINDE.

Tu m'obliges beaucoup, si mon election
Peut aller au deuant de ton affection,
Vn iour craignant de voir sa course retardee,
Ie luy donnay pour toy ma promesse accordee,
Vn plus iuste guerdon ne se doit proposer,
Que le mesme subiet qui nous fait tout ozer.

SCENE DEVXIESME.

CELIDOR, LE CAPITAINE.

CELINDE, FLORIZE.

CELIDOR.

Adame vous tenez la victoire asseuree,
Puis que vous possedez la Nymphe desiree,
Le Satyre à vos pieds demande le pardon,
Cela me satisfait, mon amoureux brandon,
Si vostre liberté me met en seruitude,
Prenez compassion de mon inquietude:
Ie vous offre mon cœur n'ayant rien de plus cher,
Vn obstacle mortel ne me peut empescher.
Desia le Ciel benin accorde ma demande,
Ouurez dõc à mes vœux la bouche qui cõmande.

CELINDE.

Francine regardez ce berger pres de vous,
Ce n'est pas la raison de le mettre en courrous,
Ne le refuse pas, aussi bien en ta ioue,
Lon voit dans sa rougeur vn amour qui se ioue.
Ton regard adoucy tesmoigne desirer
Le bien dont maintenant tu le puis asseurer.

FLORIZE.

Ma tante si tu veux agreer son seruice,
Il ne faut pas aussi commettre vne iniustice
Vers celuy dont le bras a dompté l'ennemy,
Car de parler de moy n'est parler qu'à demy,
Commencez aussi tost ie suis preste de suiure,
Aussi bien sans vos yeux Alcandre ne peut viure.

CELINDE.

Mauuaise que fais-tu d'auancer ce propos,
Voudrois-tu consentir à troubler mon repos?

LE CAPITAINE.

A qui puis-ie des deux adresser ma priere,
Qui doibt estre en ce lieu ma deesse premiere?

L'vne est le seul objet de mon parfait amour,
Et l'autre en ce dessein a redonné le iour,
Le silence tardif fut tesmoin de ma honte,
Sans l'auoir merité Francine le surmonte:
Toutes deux receuez vn hommage rendu
Par celuy qui vous tient son bon-heur attendu.

CELIDOR.

Ces deux cœurs ne sont qu'vn, & leur ame diuerse,
Chascune en son vouloir iamais ne se trauerse:
Celinde m'a promis de me fauoriser,
Au projet entrepris, & de l'authoriser
Par consequent il faut d'vne mesme entreprise
Nous tenant en ses fers qu'elle soit aussi prise.

CELINDE.

Celidor n'a non plus manqué de repartie,
Qu'hymen le plus souuent d'vn fascheux repentie,
En cela seul ie tiens la femme incorrigible.

LE CAPITAINE.

Cette correction nous est aussi loisible.

Au seruage plus doux que nostre liberté
Laisser ainsi fanir vne ieune beauté.

CELINDE.

C'est l'vnique moyen d'estre mieux conseruee,
L'exemple nous en sert de recepte aprouuee:
Toutefois il le faut, i'en demeure d'acort,
Commettons le progrez à la mercy du sort,
I'en veux auoir l'aduis de la sage mondaine,
Elle a tousiours esté compagne de ma peine.
Francine tu feras l'honneur de la maison,
De toy seule depend toute la guarison.

LE CAPITAINE.

Madame donnez moy le soin de la conduitte,
Vous sçauez à quel point ma volonté reduitte
Pretend viure ou mourir, le conseil en est pris,
Ne me punissez pas de ce fascheux mespris.

CELINDE.

Tellement que desia vous me faittes cognoistre,
Que d'humble seruiteur vous deuiendrez le maistre.
C'est nostre aueuglement qu'il en faut accuser,
Allons, car il n'est pas heure de s'excuser.

FLORIZE.

Quoy vous me laissez donc? qui me pourra defendre,
Si Celidor vouloit vn baiser entreprendre?
Mon bras n'est assez fort aduisez à cela.

CELINDE.

Demeurez Ianneton pour faire le hola.

CELIDOR.

Ma belle ne craignez, le respect & la crainte
Tiennent ma paßion en si douce contrainte,
Qu'au plus fort des souspirs ie n'oze m'aduãcer,
I'apprehende souuent le crime de penser,
Si i'aproche vne fois ceste bouche vermeille,
Si vous me permettez dire vn mot à l'oreille,
Ie sçay que mon amour forcera le destin,
Et que vous n'aurez plus le courage mutin.

FLORIZE.

Quel subiet auez vous de me nommer cruelle,
Vostre œil n'estime pas que ie sois assez belle?

CELIDOR.

Assez belle, hé pourquoy voulez vous m'outra-(ger?
Pourquoy me traittez vous ainsi qu'vn estrãger?

SCENE TROISIESME.

PAN LE SATYRE,

CELIDOR, FLORIZE.

Florize apperçoit le Dieu Pan de fort loing & parle à Celidor.

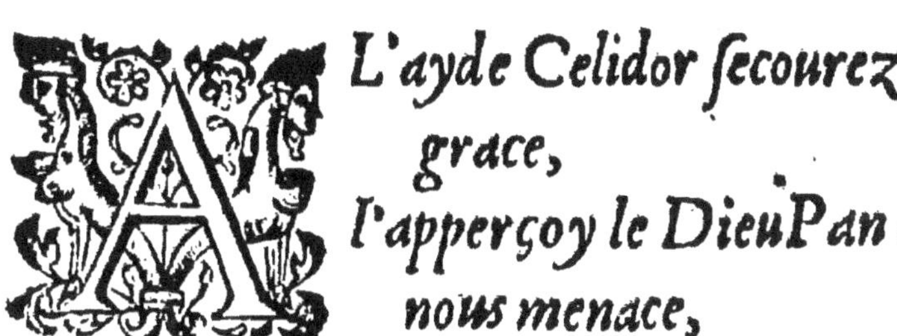

A L'ayde Celidor secourez moy de grace,
I'apperçoy le Dieu Pan qui desia nous menace,
Le voila forcené d'vn regard furieux,
Qui peut faire trembler & la terre & les Cieux.

PAN.

Tu fuis donc deuant moy qui cherche ta presence,
Tu me vas abusant d'vne trompeuse absence.

Cependant ie languis apres toy souspirant
D'vn regret eternel qui me va deuorant.
Si ie m'en veux venger est-il vn temeraire,
Qui se vueille opposer aux traits de ma colere?
Sans mentir n'est-ce pas quelque galād du Cours
Qui me priue auiourd'huy du fruict de mes amours?

CELIDOR.

Ie sçay que Iupiter me peut reduire en poudre,
Mais en ce subiet là ie m'oppose à son foudre.
Non, ie n'auray iamais le respect de Seigneur,
A quiconque voudra me rauir ce bon-heur.

PAN.

Qu'vn epieu dans la main aussi tost ie separe
Le cœur en mille pars d'vn insolent Icare.

CELIDOR.

Et moy presentement que d'vn pareil effort
Ie liureray celuy qui commande à la mort.

Sur le combat eschauffé, le Poëte par hazard se rencontre qui les separe & les rend bons amis.

LE POETE.

Insensé que fais-tu, quelle audace mutine
Cõtre vn Dieu tout puissant le courage t'obstine?
Toy pere des bergers te faut-il éprouuer
Contre vn que tu serois obligé de sauuer?
Sus treue du combat, crainte d'vne risée,
C'est bien là comme il faut traitter vne épousee.

PAN.

Ta prudence luy sert de pardon auiourd'huy,
Sans doute qu'elle auoit besoin de ton apuy.

CELIDOR.

Ie suis prest de flechir, & le genoüil en terre,
Deuant vous de finir ceste funeste guerre.
Si par vostre congé ie suis assez heureux,
De posseder vn iour mon obiet amoureux.

PAN.

Ie t'y veux aßister au lieu d'estre contraire,
Tu l'as trop merité pour le vouloir soustraire.

LE POETE.

En faueur de tous deux ie benis le moment,
Qui m'a produit l'autheur d'vn tel contentement.

CELIDOR.

Mais cecy n'est pas tout, il faut que l'Hymenee
Par vn double lien close telle iournee.
Allons voir nostre amy que Celinde retient,
C'est à luy maintenant que l'honneur appartiẽt.
Ils sont tous assemblez auecque le Druide,
Pour vous venir treuuer, ie seruiray de guide.

FLORIZE parle au Dieu PAN.

Ie me iette à vos pieds m'acquitant du debuoir
Que mon humilité rend à vostre pouuoir.
Vous auez desiré l'autorité supreme,
Il n'est pas vn de nous qui n'asseure le mesme.
Faittes en ma faueur que l'oubly du passé
Tienne le souuenir desormais effacé.

PAN.

Vn facile pardon est ioint à ton excuse,
Deuant toy franchement du crime ie m'accuse,
Ta beauté dans mes yeux a commis le forfait,
Qui rend preuue à ce iour de son dernier effet.

Adieu ſans te reuoir, que perſonne ne ſuiue,
Ie deſire en ce lieu que tout bon heur arriue.

Le Drvide.

Voyez comme le Ciel vous vit de toutes pars,
Qu'il fait luire l'aſpect de ſes benins regars,
Cela ne ſuffiſt point, & faut que la priere
D'vne felicite conſerue la lumiere.
Viuez touſiours vnis en ſemblable deſir,
Que le faſcheux degouſt n'altere le plaiſir,
Que pas vn d'entre vous n'aille courir au chan-
ge,
Ains deſſous le mary que la femme ſe range.
Amphion ſi tu veux tu te puis marier,
Tous deux eſtes preſens pour vous aparier.

Le Poete.

Ie ne ſuis pas ſi ſot de me mettre en ſeruage,
Mon cœur tremble au recit du nom de cocuage.
I'en demeure d'acort baiſe moy ſeulement,
Sans eſtre ton mary ie ſeray ton amant.

LA SAGE MONDAINE.

Vous estes bien plaisant que de parler ainsi,
Ie vous estime fort exempt de ce soucy,
Iamais le repentir d'vne flame nouuelle
Ne me pourra rauir le beau nom de pucelle.

FIN.

CALISTE A TIRCIS.

NE faut-il pas qu'vn criminel
Souffre le tourment eternel
De l'amour & de l'inconstance,
Le nom d'Amant est deffendu,
Si vous ne faittes penitence,
Du cœur que vous auez perdu.

Ces fers qui causent vos soupirs
Portés sur l'aisle des Zephirs
N'ont qu'vne douce violence,
Leur plainte se peut deguiser
Dessous le tombeau du silence,
Qui doit seruir à m'abuser.

Ie sçay bien que la guerison
Que l'on attend de la raison
Est facille à vostre pensée

Mais croyez qu'il n'est pas permis
A cette fureur insensée,
D'approcher de ses ennemis.

Apprenez donc que la beauté
Doit naistre de la cruauté,
Non de l'amour qui nous enflame,
Ce feu qui brusle les mortels
Ne sortira point de vostre ame,
Fumant au pied de mes autels.

Consoler sans affliction,
C'est plustost vne fiction
Qu'vn ressentiment veritable;
Celuy des dieux dont vous parlez
N'a iamais esté qu'vne fable
Des siecles qui sont escoulez.

Ie suis bien aise que mes yeux
Ont mis le langage des dieux
En vne bouche si feconde,
Si i'auois cette vanité

Caliſte ſeroit ſans ſeconde
Dans l'arreſt de l'eternité.

Le tourment que vous teſmoignez
A l'amitié que vous feignez
Sur mes vœux n'auront point de force,
Voſtre ſœur a bien merité
Que l'on deſpoüille ſon eſcorce,
Pour deſcouurir la verité.

STANCES.

Ie me tiens plus heureux que ceux du firmament
De voir deux beaux Soleils marcher egalement,
Et parfaire icy bas la terreſtre carriere,
Le Soleil qui nous luit ſouffre l'obſcurité,
Car luy-meſme rauy par ſi douce lumiere
Eſt contraint de ceder à leur diuinité.

Ses bruits, ses mouuemens, ses trompettes de
Mars,
Qui font vaincre les cœurs au milieu des hazars
N'ont point d'autre subjet de declarer la guerre,
Chacun en son party se vante d'vn soleil
Pour moy ie suis d'aduis qu'on separe la terre
Puis que de tous les deux le miracle est pareil.

Beaux yeux faittes cesser tant de contes diuers,
N'estes vous pas contens d'auoir tout l'vniuers
Sans contrainte captif du ioug de vostre empire,
Permettez que ie sois du nombre des guerriers,
Pourueu que seulement pres de vous le soupire,
Ie pourray couronner ma teste de lauriers.

LE TOMBEAV DE LA BELLE CHARON.

ARreste vn peu Charon, ne presse point ta
barque,

Sans cognoiſtre l'objet de celle que la parque
Te veut faire paſſer.
Cette ialouze main qui t'a voulu ſurprendre
Ne doit pas effacer
Le conſeil de celuy qui te le veut aprendre.

Sçaches donc que iamais ſa fureur ne fut telle
Sans porter le reſpect à ta race immortelle,
Tu vois deuant tes yeux,
Celle de qui le nom merite la diſpence,
De ſes funeſtes lieux,
Voyla de ton labeur l'iniuſte recompence.

Afin de te venger de l'iniure preſente,
Quitte là ſon Minos & le fier Radamante;
Rallume ce flambeau,
Cette fille n'eſt point Leuridice d'Orphee,
Triumphe du tombeau,
Pour reparer l'affront de ta gloire etouſee.

Rehauſſant vne fois la tombe qui l'enſerre
Tu ſeras adoré comme vn Dieu de la terre,

Qui commande à la mort
Les Nymphes d'alentour te feront ſacrifice
Et beniront l'abort
De celuy qui voulut vaincre ce bon office.

Que ce corps ſoit encor en ſa beauté premiere,
Et de reuoir ſes yeux eſtre pleins de lumiere,
Ie meurs au ſouuenir:
Charon ne tarde plus viens luy rendre la vie,
C'eſt trop la retenir,
Si tu ne faits ſouffrir celle qui l'a rauie.

I'abuſe mes regrets d'vne feinte friuolle,
Ce qui me fait pleurer, c'eſt ce qui me conſole,
Mon eſpoir eſt perdu,
Ne cherchons la pitié dans ce cœur inflexible
Mon cry n'eſt entendu
Qu'au ſeiour qui ſouffrit cette perte ſenſible.

Sauigny ie ſçay bien que le deuoir m'inuite,
Pour eſpandre des pleurs à te donner viſite,
Cognoiſſant ta douleur.

Helas pardonne moy, si i'vse de l'absence
Croyant que ton malheur
Doit faire qu'vn chacun esuite ta presence.

Au fort de nos souspirs, & de l'inquietude
Nous treuuons le repos parmy la solitude,
N'es-tu pas satisfait,
Puisque dedans ton sein le Ciel auoit fait naistre
Cest ouurage parfait;
Il te rend auiourd'huy le tribut de son estre.

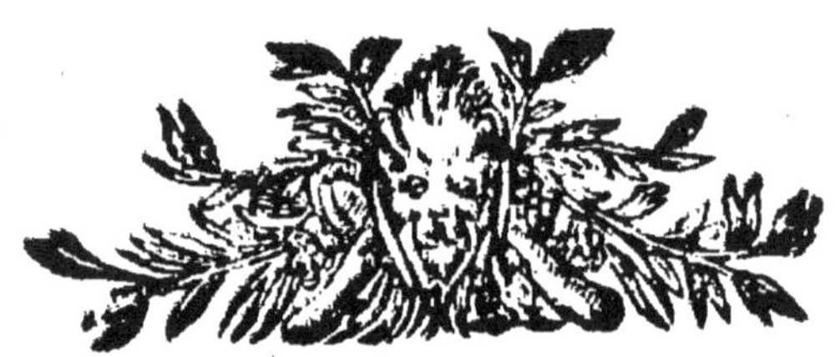

L'ABSENCE.

ELEGIE.

NE pouuant plus souffrir l'absence de vos yeux
Voyant au bien du iour ses tenebres aux cieux,
Priué de tout espoir, i'ay recours à la plainte
Soulageant la douleur dont mõ ame est atteinte,
Mais ie ne puis sçauoir qui ie dois attaquer,
Ie ne puis iustement treuuer qui me piquer,
Car l'amour, la beauté, le temps, la destinee
Se semblent opposer à mon cher Hymenee.
Toutefois me plaignant l'vn & l'autre se plaint
Si i'accuse l'amour il dira qu'il est saint
Et que l'ardant desir qui brusle mo poictrine
Ne peut pas estre esteint de la main de Cyprine;
Si du fatal destin i'accuse la rigueur
Il accuse plustost l'audace de mon cœur,

Demandant si ie veux, effronté temeraire
Rompre les saintes loix de l'arrest ordinaire,
Si ie me plains au temps pour attendre tousiours,
Pour mesurer les ans & les siecles aux iours,
Il se rit de mes pleurs, disant que la nature
N'est propre qu'à couler au gré de l'aduanture.
C'est donc à la beauté que ie dois m'adresser,
C'est elle que ie puis sans hazart offencer.
De ceste part tes yeux si puissante renduë,
Qu'on diroit que Iunon est du Ciel descenduë:
Melidor hé pourquoy vomis-tu ces regrets,
Ses charmes, ses apas, sont mysteres secrets,
Ne sçais-tu que les Dieux l'ont fait naistre en
ce monde,
Pour siege de beauté qui n'a point de seconde.
Las ie n'en doute point, mais l'extreme dou-
leur
Qui me presse tousiours augmente mon malheur.
Dequoy ie suis contraint d'admirer en l'absence
Celle de qui mon cœur adore la presence.
Presence qui m'est plus mille fois que le iour,
Que ie cheris encor plus que le mesme amour.

Sans laquelle mes ſens ſont priuez de leur ame,
Inſenſibles viuans glaçons en toute flamme:
Viens donc Aſtre benin, mon vnique flambeau
Viens retirer ſoudain vn amant du tumbeau:
Car vne obſcure nuict a fermé ſa paupiere,
Qui tient en ſa noirceur la clairté priſonniere.
Quel ſubjet te retient en ſes lieux ſi deſerts
Que tu meſpriſe ainſi l'esprit de l'vniuers,
La maiſon du plaiſir, des beautez le parterre,
Ce Paris l'abbregé du reſte de la terre:
Si cela ne t'eſmeut du moins que mes ſouſpirs
Puiſſent voler à toy ſur l'aile des zephirs,
Qui te diront qu'il faut à la fin que ie meure
Si ton œil fait encor plus tardiue demeure.

L'HERMITE SOLITAIRE.

Ombien tu dois estre contente
De voir l'espoir de ton attente
Tout prest de surgir à bon port,
Et qu'à l'instant de ta disgrace
Contre l'affluence du sort,
Tu vas descendre au val de grace.

Ce refus donne l'aduantage
D'auoir vn plus digne partage,
Qu'en la premiere eslection,
Puis que la plus saincte des belles
Va porter son ambition
Aux pieds de ses ames fidelles.

L'espoux dont l'objet adorable
Se rend à tes vœux fauorable
Tira l'epreuue de ton cœur,

Le bras de ſa toute-puiſſance
Ne reçoit point d'autre vainc œur
Que noſtre aueugle obeiſſance.

Si tu veux faire ton entree
Dedans cette heureuſe contree
Va deſpouiller ta volonté,
Et par l'oubly du premier eſtre
Prens l'vſage de la bonté
Pour le ſeruice de ton maiſtre.

Il faut que l'eſprit ne s'applique
Qu'à quelque penſee Angelique
Rauiſſant l'ame de ſon corps,
Puis faire voir que la nature
Malgré ſes impiteux effors
N'eſt rien en nous qu'vne peinture.

Que l'vnion de ta penſee
Se tienne touſiours aduancee
Vers celuy que tu veux aymer,
Bruſlante d'vn amour extreme

Le desir qui vient t'emflamer,
Ne peut sortir que de Dieu mesme.

Nous voyons les gloires futures
Dans le miroir des creatures
Par vn moyen proche des yeux,
Mais l'excés d'vne sainte flame
S'esleue iusque dans les cieux,
Pour ouurir la porte à nostre ame.

Celuy qui dormit à son aise
Dessus cette chaude fournaise
Receut l'effet de son Amour
Malgré le trepas & l'enuie
Tous les Anges luy font la cour,
N'ayant point quitté ceste vie.

L'on tient qu'il a telle dispence
Pour luy seruir de recompence,
De n'auoir souillé son desir,
Et par vn eschange contraire
Il vit au seiour du plaisir,

Où mourut nostre premier pere.

Ma sœur il faut que ie finisse,
Nostre bon seigneur te benisse
Au dela de l'Eternité,
Parlant ainsi que de coustume,
Le bon iour de l'Eternité
Te soit donne sans amertume.

ADVIS DE L'HERMITE Solitaire à la Nymphe Madonthe sur le retour du Druide Romain.

STANCES.

Nymphe treue de pleurs, vous reuerrez vn homme
Qui prefere vos yeux à la ville de (Rome,
N'ayant autre desir que de vous adorer,
Satisfait d'auoir veu le portrait du S. Pere,
N'ozant pas seulement si long temps differer,
Le voila de retour, au plaisir ordinaire.

Quoy donc? que direz vous apres si bon office
Vous ne sçauriez iamais luy faire vn sacrifice,
Qui soit digne de luy sinon de vostre cœur?
Ouurez belle plustost cette blanche poitrine
Pleine d'humilité sans aucune rigueur,
Permettez ce qu'on fait au temple de Cyprine.

Honorons ce ſaint corps ſi remply de myſtere
Meſme pour moy qui ſuis l'hermite ſolitaire,
Ie me tiens obligé d'eriger vn autel
A tiré par la voix de ſa douce faconde
Sans ſcrupule d'erreur le iugeant immortel,
I'ay quitté mon deſert pour reuenir au monde.

Ie ne luy puis offrir victime qu'il agree
Si ce n'eſt en vn lieu d'vne foreſt ſacree,
Tout à fait eſloigné du vulgaire ignorant,
Acompagnes mes pas, afin que ie m'aduance,
Ie ſçay bien qu'au mespris d'vn parfum odorant
Il voudroit vn baiſer ſous l'vmbre du ſilence.

C'eſt l'heure que ſoudain il faut qu'on ſe retire,
Moy ie promets cent fois de ſouffrir le martyre
Pluſtoſt que reueler vn ſegret ſi caché.
Tous deux viuez contens, vous n'auez rien à creindre
Luy meſme de ſa main efface le peché,
Et le feu trop bruſlant vous le pouuez eſteindre.

Si quel-

Si quelque curieux veut venir par miracle
Dedans l'obscurité consulter son oracle,
Ie seray vostre Argus, qui veillera tousiours,
Mon œil n'est point subiet au charme de Morphee,
Vous pourrez seurement posseder vos amours
Car contre le sommeil nous auons vn Orphee.

MITRIDATTE.

VAinqueur de ville assiegee
Ie tiens ma fortune changee,
Puis que ie suis captif d'amour qui m'a veincu
Ie veux seruir à sa victoire
Sans me vouloir ayder de mon brillant escu
Ie cede aux armes de sa gloire.

Pour auoir gaigné la muraille,
Mon cœur a perdu la bataille,

Ne pouuant plus souffrir le trait qui l'a blessé
Cette beauté victorieuse
Sans congnoistre celuy qu'elle tient renuersé
Rend sa force plus glorieuse.

Quittons ses liens & ses chaisnes
Qui sont la cause de mes gesnes,
Du libre que i'estois esclaue deuenu
Mon bonheur fait que ie souspire,
Mesme que cet enfant qui me parest tout nu
D'vn coup a rauy mon empire.

Toutefois ie creins qu'vne ingratte
Triumphe ainsi de Mitridatte,
Sans le recompenser en sa captiuité;
De viure aux pieds de cette belle,
C'est plus que d'adorer vne diuinité.
Qui n'est point si puissante qu'elle.

Quoy n'ay-je pas tort de me plaindre
Puisque celle qui me fait creindre

Vient pareſtre à mes yeux comme vn luyſant Soleil
Toute la trouppe de ſes dames
Iugeant que leur climal n'auoit rien de pareil,
L'offre victime de mes flames.

SONNET.

CE bouquet de Laurier teſmoigne la victoire
Que Daphnis doibt auoir au combat amoureux,
Qui ſe doibt publier au rang des bien heureux,
Si Clorinde ſe met compagne de ſa gloire.

Les differens obiets qu'il a dans ſa memoire
Cauſent le changement à ſon cœur vigoureux,
Toutefois ce berger eſt par trop genereux
Pour eſperer vn bien qui ne ſe puiſſe croire.

Ie creins que le Dieu Pan ialoux de ce bonheur
Desire partager la moitié de l'honneur,
Voulant participer à si belle aduenture,

Mais le respect humain le deffend aux mortels,
Les Dieux ne sont subiets au loix de la nature,
Puis qu'Amour le permet aux pieds de ses autels.

LES REGRETS DE L'AVrore ſur la mort de Tithon.

ODE.

IL n'eſt plus temps que ie ſouſpire,
Mes yeux ont trop ietté de pleurs,
Tithon finiſſant ſon martyre
Met fin à toutes mes douleurs,
Et ceſt importun Hymenee,
Qui m'auoit preſque deſtinee
Pour mourir viue dans ſes fers
A changé mon triſte ſeruage
En vn deſirable veufuage,
De l'auoir conduit aux enfers.

Depuis l'heure malencontreuſe
Que ie fus miſe entre ſes mains

N'estois-ie pas plus malheureuse,
Que tout le reste des humains:
I'ay bruslé d'amoureuse flame,
Toutefois au temps que mon ame
Deuoit esperer du secours,
Ce fut lors que ie fus contrainte
De perdre en inutile plainte
Le plus bel Auril de mes iours.

Helas c'est pourquoy ie regrette
D'auoir tant de fois differé
Pouuant d'vne couche secrette
Obtenir le bien desiré,
Mais cest honneur imaginaire
Par son apparence ordinaire,
Tenant mon desir abusé;
Fist secher ma fleur printaniere
Sans plaisir, sans iour, sans lumiere,
Sous ce vieil arbre tout vsé.

Si faut-il pourtant de sa souche
Faire naistre vn beau rejeton

Qui puisse animer vne bouche,
Et qui rehausse le menton,
Ie veux dire vn autre Cephale
A qui personne ne s'egale,
Prest à combattre l'ennemy;
Il faut donc qu' Amour me le monstre
Euitant pareille rencontre
Du premier qui fut endormy.

Quelque deuoir retient encore
L'exces de son affection
Ne permettant à son aurore
De tesmoigner sa passion;
Attendant que l'vmbre passee
Soit de la memoire effacee,
Sans iamais plus y reuenir;
Si ce n'est la seule esperance
D'vne agreable differance,
Qui conserue le souuenir.

Combien heureuse la iournee
D'vn si parfait acouplement

De voir soubs le ioug d'Hymenee
L'Amante auecque son amant
Dedans l'amoureuse carriere
L'Aurore pleine de lumiere
Parestra la nuict & le iour,
L'amant d'vn adresse subtile
Parsemant sa terre inutile,
Des fruicts de la mere d'Amour.

LE VIEUX NECTOR SE veut remarier à la belle Cleonice.

STANCES.

NEctor sur ses vieilles annees
Pour satisfaire aux destinees
Veut encor le nom de mary
Sans sçauoir que sa Cleonice
Desia retient vn fauory
Pour le ietter au precipice.

Ne pouuant souffrir qu'on l'abuse
Ie luy veux dire cette ruse
Afin de le mieux diuertir,
Mais ie crains que son ame eprise
De la posseder en chemise
Hazarde aussi le repentir.

Puisque donc ie l'ay voulu dire
Ma volonté luy doit suffire
Pour le respect de l'amitié;
Si sa teste deuient cornuë,
Son infortune trop cogneuë
Pourra se tourner en pitié.

Plustost que d'epandre des larmes
Il faut auoir recours aux armes,
Et le secourir au besoing;
Ie promets qu'estant en ma garde,
Crainte que pas vn la regarde,
D'auoir tousiours le Zest au poing.

Mais ie crains que la ſentinelle
S'endorme aupres de la pucelle,
Et que ceſt ennemy ruſé
Charme mes yeux de meſme ſorte
Qu'à celuy qui gardoit la porte,
Lors que Vulcain fut abuſé.

PLAINTE DE PHILIS volontairement rauie.

POurquoy veut on faire mourir
Le ſeruiteur qui m'a rauie,
Puis que c'eſtoit pour me guarir,
Et que me rauiſſant il m'a donné la vie.

Si nous deuons eſtre punis
Par la rigueur de la nature
Amour qui tient nos cœurs vnis
Ne le ſouffrira pas, ſi non de ſa pointure.

N'est-ce pas vn estonnement
Que tout le monde ne peut croire
De vouloir punir vn amant
Qui deuoit esperer triumphe de sa gloire?

L'offence est digne du pardon
Lors qu'vn beau subjet nous anime,
Car si c'est l'amoureux brandon
Peut on treuuer quelqu'vn qui l'accuse du crime?

Amour ne reçoit point nos loix,
Et n'est esclaue de personne
Il a l'Empire sur les Roix,
C'est le seul qui punist, luy mesme qui pardonne.

Adoucis, pere, ton courroux,
Et change ce mauuais courage,
Außy bien mon œil est si doux,
Qu'il n'est cœur se voyant qui n'appaise sa rage.

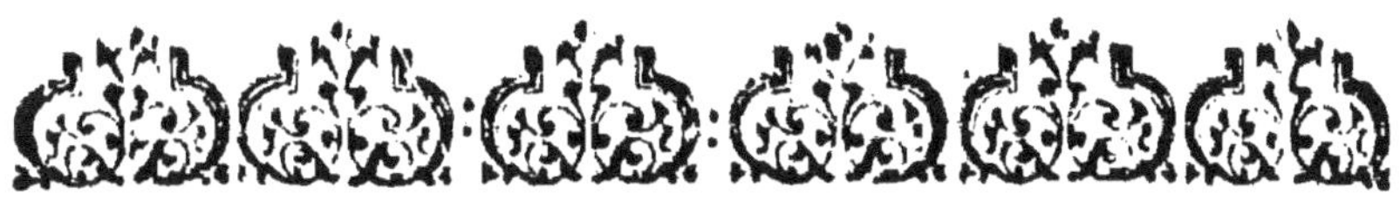

PHILEMON SOVPIRE apres Clarin de femme de Cloridan, & Melidor s'en mocque par ses vers.

STANCES.

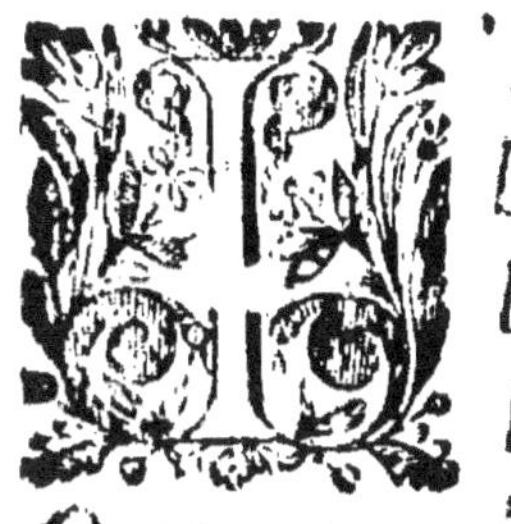

I'Ay veu deux beaux yeux adorés
Du berger aux cheueux dorés,
Dont le cœur en vain se martyre,
Le Soleil en seroit marry
Qui par tout n'a honte de dire
Qu'il veut estre leur fauory.

Ce temeraire Phaëton
Oze desirer vn teton
Qui porte la forme du monde
Croyant d'vn regard de trauers
Par vne course vagabonde
Mettre enfin le reste à l'enuers.

Son dessein est mal entrepris,
Le refus d'vn triste mespris
Luy doit seruir de recompense;
Il n'a point assez merité,
Pour moy ie ne sçay ce qu'il pense
D'ignorer sa temerité.

Trop aueugle en sa paßion
Il veut comme vn autre Ixion
Embrasser Iunon toute nuë,
C'est beaucoup se precipiter
Crainte qu'il sorte de la nuë,
Quelque foudre de Iupiter.

Toutefois s'il souffre la mort,
Ce ne peut estre qu'à grand tort,
Ce berger reuient en enfance,
Mais il se faut bien souuenir
Qu'en amour on punist l'offence
Du present, & de l'aduenir.

LE TVMBEAV DE LA Nymphe Doralice.

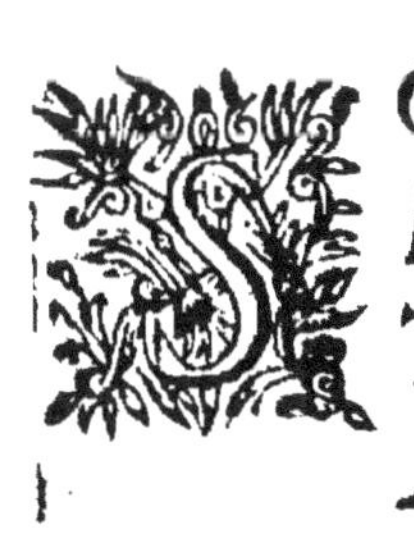

Oleil au visage riant
Plein de rayons & de lumiere
Tu vois la fin de ta carriere,
Au leuer de ton Oriant;
Si tu peux entendre ma plainte
Bel Astre qui nous luis sans feinte
Darde vn rayon de tes beaux yeux,
Et faits à ce monde parestre
Que despouillant ton premier estre
Tu prens en eschange les cieux.

REGRETS DE CLEON sur la mort de Tirsis.

ELEGIE.

Ircis lors que ie fus heureuse prisonniere
Sous le ioug maternel,
L'adieu qui me priua de ta douce lumiere
Sera donc eternel:
Tes sermens seront vains, & ta foy violee
De bien tost reuenir
Fera que desormais sans estre consolee
Ie meure au souuenir:
Te voulant exposer à la fureur des armes
Ton bel œil languissant
Ne deuoit esprouuer le pouuoir de tes charmes
Contre vn cœur innocent:

N'estoit ce pas assez de mourir en la gloire
D'vn guerrier genereux
Sans rauir à Clion auant cette victoire
Le laurier amoureux.
Non toutesfois Tirsis que ma seule pensee
Me puisse reprocher
D'auoir contre l'honneur vne œillade aduancee
N'ayant rien de sicher
Mais soubs l'espoir sacré d'vn heureux Himenee
Vesue ie me diray,
Et finissant mes iours par mesme destinee
Comme toy ie mourray.
Nos deux cœurs ne sont qu'vn, & l'atteinte mortelle
Ne se peut diuiser,
Puis que i'ay recognu ton amitié fidelle
Ie n'en veux abuser,
Cependant ie me pers en discours inutiles
Sans beaucoup profiter.
Il n'a plus maintenant des oreilles faciles
Afin de m'escouter:
Il est sourd à mes cris, & sa flame estoufee
D'vn glaçon de mepris.

Mes

Met peine dans le ciel d'eriger vn trophee
Sur l'enfant de Cypris.
Ie blaſpheme pourtant contre ſa foy iuree
Sçachant que ſon amour
Doit eſtre à l'aduenir d'eternelle duree,
Bien que priué du iour.
Non ce n'eſt point le corps qui donne nourriture
Aux doux embraſſemens,
C'eſt l'eſprit immortel dont la viue pointure
Fait viure les amans.
Cher objet de mes yeux, belle vmbre que i'adore,
Quelque part que tu ſois
Ne meſpriſe les vœux que ie te faits encore
Et redouble cent fois.
Le tumbeau gardien de mon amitié ferme
Te pourra teſmoigner,
Que le temps importun n'aura iamais de terme
Qui m'en face eſloigner.

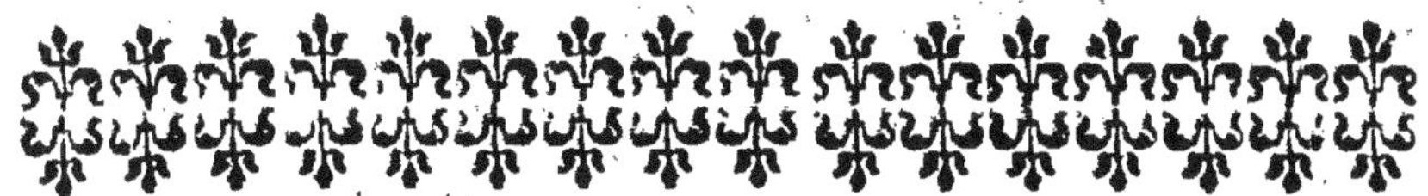

DESCRIPTION DE l'Hermitage de Cloris.

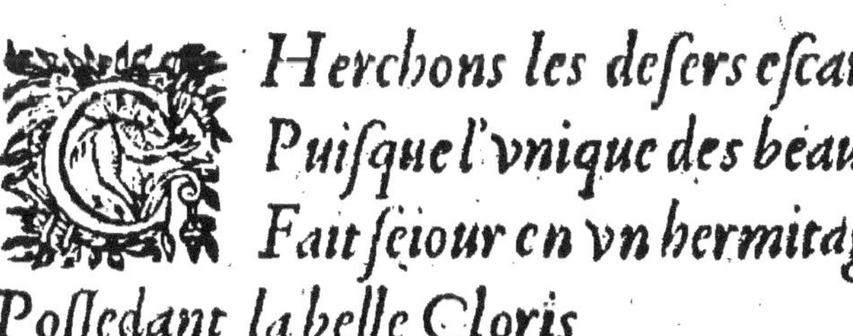

Herchons les deſers eſcartez
Puiſque l'vnique des beautez
Fait ſeiour en vn hermitage,
Poſſedant la belle Cloris
Il aura touſiours l'auantage
Sur les delices de Paris.

Au milieu du ciel eſclairant
Les mortels ne vont adorant
Qu'vn Soleil, & qu'vne lumiere,
Celeſte beauté que ie ſers
Tu te puis dire la premiere
Du reſte de tout l'vniuers.

Eſtant permis de s'aprocher
Seulement au bas du Rocher,

Qui se pareſt inacceſsible,
Lors mon cœur ſera trop content
D'aſpirer au bien impoſsible,
Et viure amoureux penitent.

Si le fauorable demon
Qui me la fiſt voir au ſermon
Pouuoit amolir ſon courage,
On verroit à la fin les Roix
Ialouſer l'heur de mon ſeruage
Sous la puiſſance de ſes loix.

Leurs Palais, & leurs monumens
Ce ne ſont que vains ornemens
D'vne maieſté periſſable;
Mais le ſeiour delicieux
Où Cloris ſe rend adorable,
Ne cede à l'Empire des cieux.

Tu ſeras heureux Melidor
De garder cette Toiſon d'or
Sans vn compagnon de fortune;

Amour tu m'as bien abusé,
Son mary desia m'importune,
Qui m'a son accez refusé.

C'est vn dragon tousiours veillant
Qui ne va iamais sommeillant
S'il ne la presse de sa leure;
Crainte du voile de la nuit
Luy mesme se cause la fieure
Au fort de l'amoureux deduit.

Faut-il qu'vn tyran sans raison
Soit le geolier, & la prison
D'vne qui mon ame captiue,
Ne pouuant plus rien esperer
Ie la veux suiure fugitiue
Pour apres elle souspirer.

ELEGIE.

Ccompagne mes vers de larmes es-
panchees
Vous amans de la cour,
Celle qui par sa mort rend nos ames touchees
Estoit mere d'Amour,
De vouloir enserrer son corps, & sa memoire
Sous vn mesme tumbeau,
C'est trop d'impieté, car voicy son histoire
Qui luy sert de flambeau.
Ie sçay bien que quelqu'vn, veu l'horreur de ce (crime
Ne l'excusera pas.
Son cœur n'a pris aussi d'excuse legitime
Sinon que le trepas.
Si la rage voulut se faire vn sacrifice
De son fils étoufé,
Punissant le forfait par le mesme suplice
Elle a donc triumphé.

N'est-ce pas euiter Amazone guerriere,
L'exemple renommé
De celle que son fils priua de la lumiere
Pour l'auoir trop aymé?
Car apres ne voulant à sa faute suruiure
Le poison luy fut doux:
C'est pourquoy l'ame fut desireuse de suiure
L'obiet de son courroux,
Mais si tost qu'elle vit cette vmbre fugitiue
Proche de l'Archeron,
Sans payer le tribut elle aborde la riue
En depit de Caron,
Et d'vn accent plaintif par trois fois la coniure
De vouloir s'arrester,
Quittant le souuenir d'auoir receu l'iniure
Afin de l'ecouter.
Lors ses bras estendus & sa face haussee
Luy dist en souspirant;
Excuse le rencœur d'vne mere offencee,
Qui t'alloit adorant.
Souuien toy que tu fus sa chere nourriture,
Son plaisir, son soucy,

Et que par le mepris des loix de la nature
Tous deux ſommes icy.
Si tu n'as peu ſouffrir mes trop longues annees
Priué de la raiſon,
Du moins nous finirons nos fieres deſtinees.
Dans la meſme priſon.
Ie me tiendray touſiours pres de toy vagabonde
Parmy l'obſcurité,
Preferant ce ſeiour à la gloire du monde,
Tout plein de vanité.
Le fils qui ne ſçauoit de ſa mort aduancee
Le ſubjet apparant,
Soudain d'vn pas leger tient ſa courſe preſſee
Pour en eſtre ignorant.
Le mal fuſt redoublé par cette cognoiſſance
Sans autre guariſon;
Puis que celle qui fut cauſe de ſa naiſſance
Luy donna le poiſon.
Il trauerſe les flos, & cherche l'onde noire
De ce fleuue oublieux,
Afin que deſormais il perde la memoire
De la terre, & des cieux.

La mere qui le ſuit d'vn œil plein de colere
Se veut precipiter,
Mais il n'eſt pas permis à l'ame tributaire
De ſe plus irriter.
Au manoir de Pluton on a chaſſé l'vſage
D'Amour, & de pitié,
Nul des ſiens a pouuoir de flechir ſon courage
Que ſa chere moitié.
Cependant au milieu de la trouppe effroyable
Des monſtres amaſſez
Elle inuocque l'enfer pour le rendre ployable
Par ſes cris eſlancés.
Va forcer de ſes mains la porte defenduë,
Sans crainte du danger,
Croyant que de Minos ſa voix eſt entenduë
Qui la puiſſe venger.

ELEGIE.

LE corps priué du iour, par ta main desloyale
Iadis chere moitié
Fait parestre à tes yeux son vmbre sepulchrale,
Pour voir si ton cœur est sensible à la pitié.

Puis qu'vn soupçon ialoux a ta rage assouuie
Dans son sang épanché,
Pour le moins remettant l'interest de la vie
Faits que l'honneur ne soit de son pourpre taché.

Si l'ame chez Pluton vne fois descenduë
Ne remonte ses pas,
Veux tu bien que du corps la memoire perduë,
De tes cruelles mains souffre vn second trepas?

S'il te souuient encor des caresses passees
Qu'il te faisoit alors

Qu'Amour auoit d'Hymen les flames aduancee
Tu doibs au souuenir, le suiure entre les morts.

Ton œil voit sans pleurer la dextre sanguinaire,
Qui peut naurer le cœur,
Cœur né dans les desirs afin de te complaire,
Et bien heureux captif te dire son veinqueur.

Que s'il auoit esté conuaincu de ce crime
Par la rigueur du sort,
C'est à toy d'alleguer cause plus legitime,
Pour le sacré respect que l'on doit à la mort.

Tu sçais bien qu'en mourant ma parole derniere
Fut de te pardonner,
Et maintenant qu'il est priué de la lumiere,
Tu troubles son repos au lieu de luy donner.

Fais que son triste obiet finisse par la peine
Que tu luy fis souffrir,
Si la rage se peut contenter inhumaine,
Tu dois estre content de l'auoir fait mourir

Tesmoigne vn repentir de ta faute commise
Il sera satisfait:
Luy mesme reuiendra bien que tu le mesprise
Publier que tu n'es coupable du forfait.

C'est assez que ie sois le butin de la Parque
Sans que tu suiue apres,
Ce tragique malheur ne veut autre remarque
Sinõ que mon tumbeau soit couuert de Cypres.

Mais l'enfant qui suiuit nostre commun desastre
Au malheur destiné,
Peut dire qu'en naissant l'influence d'vn Astre
L'a rendu des mortels le plus infortuné.

Fais que tousiours luy soit sa naissance incogneuë
Comme vn sort harzardeux.
Helas il luy vaut mieux estre fils de la nuë,
Que de sçauoir vn iour l'histoire de nous deux.

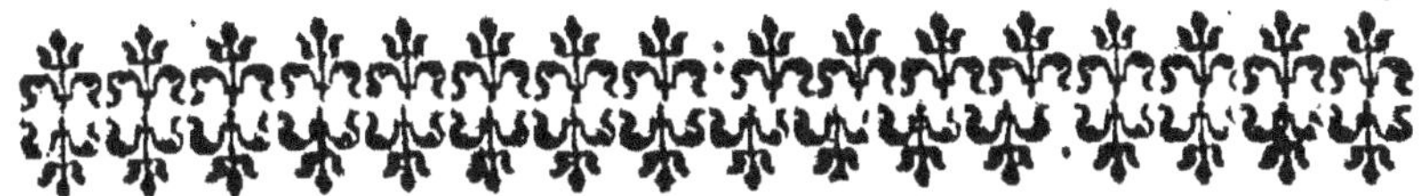

LA MESME CLEON FAIT escrire cette Epitaphe sur le tombeau de Tirsis.

Tout plein d'honneur & d'esperance
Tu viens d'vn riuage estranger,
Où par tout cherchant le danger
Ton bras ne le trouue qu'en France.
Tu deuois mourir en naissant,
Ou ne pas si tost disparestre,
Car ton obiet me va laissant
Vn vain regret de se cognoistre,
Ne l'ayant veu qu'en finissant.

Pleignant ton funeste trepas,
Et ta fatale destinee,
Pleurer mes yeux ne doiuent pas
Si tost la mort que l'Hymenee,

Car le ſubiet de ton malheur
Rend ſi fort nos ames atteintes
Que ny les larmes ny les plaintes
Ne ſuffiſent à la douleur.

Ce n'eſt point de ce ſanglant poignard
Qui t'a priué de la lumiere,
Ce fut lors qu'Amour de ſon dard
Bleſſa ton ame priſonniere,
La pointe d'vn fer aſſeré
Ne pouuoit vaincre ſon courage
Si ce cœur eſtouffé de rage
Ne fuſt mort d'auoir ſouſpiré.

Vn fils & nourriſſon de Mars
Iamais au combat ne recule,
Et doit eſtre dans ſes hazars
Immobile comme vn Hercule,
Tu ſuis ſon deſtin amoureux
En cette ſeule differance,
L'vne ſe fiſt par ignorance,
L'autre a le deſſain malheureux.

Du moins ſi le ciel irrité
Pouuòit eſtendre ſa iuſtice
Sur celle qui l'a merité
Par l'effet d'vn meſme ſuplice
Diane pleurant le ſort
Cauſe du ſoupçon homicide
Pour venger ſa main parricide
Courut auſsi toſt à la mort.

Mais toy malheureux mille fois
Alcide cent fois miſerable,
Si tu puis entendre la voix
De celle qui reſte coupable,
Au lieu de ſouſpirs elancés
Contre le ſizeau de la Parque
Ton œil pour trop heureux remarque
Le iour de tes iours aduancés.

Quitte ce triſte ſouuenir,
Prens plaiſir aux champs Eliſées
Deffunct il ne faut retenir
L'obiet des fureurs apaiſées

Peut estre vn iour deuant tes yeux
Tu verras punir son offence,
Et celuy qui prend sa defence,
Priué de la table des Dieux.

La Gaule qui va soupirant
Regrette sa gloire estoufée,
Et presque ton nom adorant
T'eut preparé quelque trophee:
Mais ce tragique euenement
Que le temps futur ne peut croire,
Au lieu d'vn temple de memoire,
Ne merite qu'vn monument.

Si le celeste messager
Te vouloit rappeller en terre,
Et que sa verge fist changer
Ton cœur en nature de pierre:
Sans pouuoir iamais estre époint
D'vn ressentiment legitime,
Helas que le ciel le ranime,
Sinon qu'il ne se face point.

Puisque le malheur du passé
Fut compagnon de ta fortune,
Desormais il est effacé
Par l'accident qui m'importune.
Ou sans doubte que reuiuant
Ta fureur desia refroidie
Pourroit mettre en la tragedie
Plus grand desastre que deuant.

FIN.

www.ingramcontent.com/pod-product-compliance
Lightning Source LLC
LaVergne TN
LVHW010611110826
845149LV00003B/857

* 9 7 8 2 0 1 9 1 8 3 2 7 1 *